日本語を教えるための教材研究入門

深澤のぞみ　：著
本田　弘之

はじめに

　本書は日本語教育に足を踏み入れて間もない方々が、数多くの日本語教科書を手にとる際に、どのような視点で教科書をみたらいいかを、わかりやすく解説したものです。

　これまでの日本語教師養成のプロセスでは、日本語教育学や日本語学、第二言語習得論などの基礎理論を学んだ後は、実際の教授法に移行することが多く、日本語教科書についてじっくり学ぶ機会はあまりなかったのではないでしょうか。また、そのための基礎的な解説書はあまり見当たりません。しかし日本語教育において必ずといっていいほど用いられるのは日本語教科書であり、その重要性はいうまでもありません。本書は日本語教科書を概観する初めての専門的な入門書です。

　本書は筆者の一人である深澤が、2017年にサバティカル研修休暇をとることになったことがきっかけで誕生しました。それまでずっと担当していた「日本語教科書研究」という科目の担当を、たまたま同じ金沢に住んでいて、日本語教材の専門家であった共著者の本田に依頼できることになったからです。お互いの関心や教科書に対する考え方が一致し、すぐに本書の構想が出来上がり、授業ノートなどをもとに執筆を始めました。そして本田と深澤がそれぞれ授業で用いながら、改稿して完成させたのが、本書です。

　2019年6月に「日本語教育の推進に関する法律」が公布されました。初めて日本語教育に関する基礎的な法律ができたという、日本語教育にとっては大きい出来事です。これからますます多様な外国人が日本に住み、日本で就労する時代になるものと思われます。これはさまざまなニーズに合った日本語教育が必要とされていることを意味し、それと同時に多様な日本語教科書が世に出てくることになるでしょう。そのような時代を生きる日本語教師を目指す方々、そしてすでに日本語教師として活躍なさっている方々にも、日本語教科書を見つめなおす機会として、ぜひ手にとっていただきたい書籍です。

目　次

はじめに ……………………………………………………………… i

本書の使い方 ……………………………………………………… vii

第1部　日本語教材とは何かを理解する …………… 1

第1章
日本語の教科書とほかの教科書の違いを
考えてみよう ……………………………………………… 3

1　母語話者教師は日本語を勉強したことがない ……………………… 3

2　母語話者教師にとって教科書とは何か ……………………………… 6

3　学習者にとって日本語教科書とは何か ……………………………… 7

4　学習順序、学習項目と教科書の関係………………………………… 11

第2章
「日本語を教える」とはどのようなことか
考えてみよう …………………………………………… 17

1　日常の言語行動を観察してみよう ………………………………… 17

2　いつも話していることばと教科書の日本語を比較してみよう …19

3　レストランでの会話 ………………………………………………… 19

　　3-1　レストラン場面での実際の会話　　19

　　3-2　日本語教科書でのレストラン場面の会話　　21

4　依頼の表現……………………………………………………………… 22

　　4-1　日常場面で実際に用いられる依頼表現　　22

　　4-2　日本語教科書にみる依頼表現　　24

目　次

　5　日常を切りとって教科書が作られているわけではない……………28

　　　COLUMN　命令形はいつ使うのか？ …………………30

第3章
なぜ「教科書で学ぶ」のか考えてみよう …………31

　1　母語の習得（獲得）と第二言語習得の違い……………31

　2　なぜ教科書を使って学ぶのか……………34

　3　だれがどのように教科書を使うのか……………36

　4　どのように「教科書で教え」ているのか……………37

　5　教師にとっての教科書の役割……………39

　6　チームティーチングのガイドブックとしての役割……………42

第2部　日本語教材を分析する …………45

第4章
教科書の目的と多様性を知ろう……………47

　1　教材、教科書、教具を定義する……………47

　2　教科書の特徴……………49

　　　2-1　日本語教科書の種類　　49

　　　2-2　教科書の特徴 ―総合日本語教科書―　　50

　　　2-3　教科書の特徴 ―目的別の日本語教科書―　　52

　　　2-4　教科書とシラバス　　53

　　　2-5　新しい流れ　　54

　3　補助教材の特徴……………56

　4　教具の特徴……………58

　5　日本語教科書から見る日本語教育の歴史……………60

　　　5-1　日本語教育の歴史　　60

　　　5-2　日本語教育の歴史と日本語教科書　　62

iii

第5章

コースデザインにおける教科書分析を考えよう ……… 65

- 1 どのような人々が日本語を学んでいるのか ……… 65
- 2 日本語を学ぶ人々のニーズ ―国内と海外との違い― ……… 67
- 3 コースデザインと教科書分析 ……… 68
- 4 調査・分析の段階 ……… 69
    - 4-1 ニーズ分析　69
    - 4-2 目標言語調査　70
- 5 計画の段階 ……… 70
    - 5-1 シラバスデザイン　70
    - 5-2 カリキュラムデザイン　73
    - 5-3 教科書分析　73
- 6 実施・評価の段階 ……… 73
- 7 コースと教科書のマッチング ……… 75
    - **COLUMN**　「先行シラバス」「後行シラバス」って何？ ……… 77

第6章

どのように教科書分析をおこなうのか考えよう ……… 79

- 1 コースデザインのプロセスと教科書分析 ……… 79
    - 1-1 コースデザインのプロセス　79
    - 1-2 教科書分析の方法　81
- 2 まず、教科書の全体像をつかむ ……… 83
    - 2-1 「まえがき」の部分から全体像を把握する　83
    - 2-2 「目次」から全体像を把握する　84
- 3 各課の構成と内容の分析 ……… 86
- 4 課のつながりの分析 ……… 87
- 5 「わかりやすい」と「見やすい」とはどういうことか ……… 89
    - 5-1 表記　89
    - 5-2 イラスト　91
- 6 教科書分析と日本語教育の現場 ……… 93

目 次

第7章
教科書分析で何がわかるのか考えよう ……………97

  1　なぜ、教科書を分析する必要があるのか …………97

  2　教科書から学習者は何を学んでいるか …………98

    2-1　教科の教科書と日本語教科書　98

    2-2　日本語教科書の特徴　101

  3　日本語教科書は何に焦点を当てているのか…………102

    3-1　日本語教科書と「文型」……………102

    3-2　「レベル別」という視点で見た日本語教科書 ………104

    3-3　日本語教科書と「練習」……………107

  4　日本語教科書を分析することの意味……………111

第3部　日本語教材を使って実践する ……………113

第8章
「教科書分析」から「教案作成」へ進んでみよう ……115

  1　「教案」とは何か、何のために必要か…………115

  2　日本語の授業の教案作成…………117

  3　教科書から教案を作る理由 …………121

  4　教科書から教案を作る方法 …………122

  5　教案を作るときの作業手順 …………123

  6　授業のとき、教案はどうするか …………126

    COLUMN　授業が終われば、もう終わり？ …………128

第9章
教科書を道標として「授業」を作ってみよう …………129

  1　「直接法」と「媒介語を使う授業」について …………129

  2　授業の流れを追って準備する …………131

3　直接法で授業をするコツ ……………………………………………133

4　どのように練習するか ……………………………………………134

5　練習問題を補充する …………………………………………………135

　　COLUMN　教科書を使わない授業もあるの？ ………………………144

第10章
教科書を使うときの「権利」と「義務」について考えよう ………145

1　教科書を授業に使う権利 ……………………………………………146

2　教科書の著作権 ………………………………………………………147

3　補助教材や問題集の著作権 ………………………………………149

4　教科書の著作権を尊重することの重要性 ……………………150

5　教科書の変遷に見る日本語教育の理念 ………………………152

6　みなさんが日本語教育のためにできること …………………158

おわりに ……………………………………………………………………160

参考文献 ……………………………………………………………………162

著者紹介 ……………………………………………………………………165

本書の使い方

◎本書の対象者

本書は以下の人が対象です。

☑ 日本語教員養成課程などで日本語教育の基礎の科目を学んだ人

☑ これから日本語教育の模擬授業や教育実習などをおこなおうとする人

☑ 日本語教師として活動していて、あらためて日本語教科書を見直そうとしている人

◎本書の内容

本書は 10 章からなっています。

「そもそも教科書、特に日本語教育の教科書とは」から始まり、教科書の日本語教育における位置づけや特徴、使用する前の分析のしかた、教科書から教案をどのように作り、どのように使うか、さらには新たな日本語教科書の開発にまで言及しています。

日本語教育に関連した専門用語については、各章で一応の説明がありますが、内容は簡略な説明になっています。

本書では、種々の教科書を引用しました。必要な部分は、実際の教科書のページの内容を示し、とりあげた教科書の詳しい情報は巻末にまとめました。引用されている教科書の表紙は、付属資料（次ページ参照）として Web サイトにアップしてありますので、参考になるかと思います。

なお、実際の教科書では「○課」「Lesson ○」「Unit ○」などとなっていますが、本書で引用する際には「第○課」という表記に統一しました。

◎本書の使い方

日本語教員養成課程のコース（1 期 15 回）を想定した場合、以下のように進めることができます。

授業回	本書の内容
第1回	オリエンテーション
第2回〜第7回	第1章〜第6章
第8回	中間テストやまとめなど
第9回〜第10回	第7章、教科書分析準備
第11回	教科書分析発表会
第12回〜第14回	第8章〜第10章
第15回	期末テスト

◎**各章の進め方**

　本書の各章は「プレタスク」と本文、そして「POINT」からなっています。

　まず、あらかじめ授業の前に「アクティブ・ラーニングのためのプレタスク」に取り組み、授業ではそれぞれが考えたことを共有します。自分で深く考えてみるのはもちろん、クラスメイトの考えたことや経験を知ることは、新しく学ぶ事柄を理解するのに役立ちます。つまり本書は知識を一方的に伝授するタイプの内容ではなく、プレタスクで考えたことを起点にして、理解することを目指しています。そして本文で述べられている内容を、もう一度「POINT」で確認できるようになっています。

◎**付属資料**

　本書を使って「日本語教科書研究」などの授業をおこなう先生方のために、各章の内容をPowerPointにした付属資料を用意しています。

　資料は、<http://www.9640.jp/books_820/> または、右記QRコードよりアクセスし、ダウンロードすることができます。

第 1 部

日本語教材とは何かを理解する

第1章

日本語の教科書と
ほかの教科書の違いを
考えてみよう

アクティブ・ラーニングのための ▶ ▶ ▶ プレタスク

◆初級の日本語教科書を一冊入手して、その内容を眺めてみましょう。そして、みなさんが学んできた高校の「世界史」などの教科書と比べて、似ている点と異なっている点を書きだしてください。

◆日本語を母語にしている人（日本語母語話者）が日本語を教える場合に、どんなことが「よくできて」、どんなことが「うまくできないか」を考えて、書きだしてみてください。

　日本語教育において教科書を分析する作業は、ほかの教科とは異なる特別な意味を持っています。第1章では、その「特別な意味」について考えていきます。

　なお「日本語教科書」ということばで「日本語で書かれた（さまざまな科目の）教科書」を意味することも考えられますが、本書では「日本語を学ぶための教科書」に限定して「日本語教科書」ということばを使うことにします。

1 ....
母語話者教師は日本語を勉強したことがない

　高校や中学の先生に「なぜこの教科の教員になったのですか」と聞くと、ほ

ほ全員から「この教科が好きだったから」という答えが返ってくるだろうと思います。

ところが、日本語を母語とする日本語の教師、つまり母語話者（ネイティブ）教師に同じ質問をしたら、どういう答えが返ってくるでしょうか。「子どものとき、日本語を勉強していておもしろいと思った」という答えは絶対に返ってこないでしょう。母語話者は、意識して「日本語を勉強した」ことがないからです。

学習経験の有無は別として、母語話者でも「日本語が好きだから」と答える人がいてもいいように思われますが、筆者（本田）は、自分を含めて、まだそのように答えた母語話者教師に会ったことがありません。いままで、わたしの質問に「日本語（の勉強）が好きだから日本語教師になりました」と答えてくれたのは、全員外国人（非母語話者）の日本語教師でした。

日本語教師には「母語話者教師」と「非母語話者教師」がいます。前者は、自分が日本語を勉強したことがないのに日本語教師になった人、後者は、日本語を勉強して日本語教師になった人です。

このようなことは、ほかの教科[1]の教師にはあり得ません。たとえば「いままで歴史を勉強したことがないけど世界史を教えています」という教師はいません。しかし、外国語教育に関しては、自身は学習経験を持たないのに教師をしている人たち、つまり母語話者教師が存在するのです。母語話者教師は教えている言語を勉強したことがなく、気がついたらしゃべれるようになっていたわけですから「（勉強してみて）好きになった」という過程がそこに入る余地がありません。

ちなみに、筆者が日本語教師になろうと思ったのは「海外で生活してみたかったから」というまったく日本語とは関係のない（!）理由でした。もちろん、筆者も「日本語が好き」です。でも、それが日本語教師になった理由ではないということもはっきりしています。読者のみなさんはいかがですか。

このように「勉強してみたら楽しかった。この教科が好き！」→「みんなに

---

1 本書では「教科」という用語を日本の小学校・中学校・高等学校でおこなわれる授業科目の意味として使います。また、小中高校の授業（でおこなわれる教育）を「教科教育」と呼びます。これは、学校教職課程の講義で使われる用法と同じですが、本書では、特に「教科教育」と「日本語教育」が対比的に使用されていることに注意してください。

第1章　日本語の教科書とほかの教科書の違いを考えてみよう

このおもしろさを知ってもらいたい」→「教師になろう」というシンプルな関係にあるほかの教科の教師とは異なり、日本語教育と母語話者教師は、もう少し複雑な関係で結ばれているのです。これを教師としてクラスに立つまでの手順に当てはめて考えてみましょう。

　教科教育の教師は、すでにその教科を自分で勉強した経験を持ち、「わたしが感じてきたこの教科のおもしろさ、勉強の楽しさを、どうやったら生徒たちに伝えられるだろう」というところから教材研究をスタートします。いいかえれば、歴史の教師は、教師になる前から教科書の内容を熟知しているので、教科書と自分がやりたい（理想とする）授業をどのようにマッチングさせていくか、ということを考えるのです。これが歴史の教師がしている「教材研究」です。

　それに対し、日本語母語話者教師の場合は「わたしは、この教科書を使って、どんなことを、どのように教えるのだろう」ということ、つまり、教科書を教える手順を検討する前に、まず「教科書の内容の理解」から始めなければなりません。それが日本語教師による「教科書分析」なのです。

　くりかえしになりますが、授業の前に、担当教師が教科書を開いて、そこに書いてあることをどのように教えていくかを考えることは、どんな教科でもおこなわれる作業です。そして、そのような作業を一般的に「教材研究」と呼びます。

　しかし、上に述べたとおり、日本語教師にとっての「教科書分析」は、それとは少し違うのです。それは、単純な授業の下調べというよりは、教科書の内容を理解することによって、教師自身が「日本語教育の方法を考えていく」という、より本質的な問題に関わる作業になっているからです。

　そのため、本書では日本語教育における「教材研究」をほかの教科の教材研究とはっきり区別するために「教科書分析」と呼びます。ただし、本書で使う「教科書分析」は、単に教材の内容を分析することだけを指しているのではありません。分析結果を考察し、それをもとに効果的な授業の方法を研究し、さらに授業実践につなげていく、という一連の作業までを含んだ概念です。

2

母語話者教師にとって教科書とは何か

　日本語を勉強したことがない母語話者が日本語を教えなければならないということになった場合、ほとんどの人は、まず教科書を開いて、これからどんなことをどのように教えればいいのか知ろうとするでしょう。少なくとも筆者はそうでした。学校で日本語の授業を受けた経験がないため、何をどういう順番で教えればいいのか、という基本的なことさえまったく知らなかったからです。

　「基本的なこと」と書きましたが、実は、母語話者教師にとって日本語を教えるときに一番難しいのは、教える内容とその順番を知る、という一番「基本的なこと」なのです。なぜなら母語話者が母語を習得するとき、習得の内容や順序を意識的にコントロールして覚えていくということはないからです。

　そこで、母語話者教師は、まず、日本語の何をどんな順序で教えていくか、ということを考えなければなりません。そのためには、まず日本語を話す（聞く、読む、書く）ときに必要なことを、何らかの基準で分類してリストを作り、次にそのリストの各項目を何らかの基準で順番に並べる、という作業をする必要があります。

　このような作業をするためには、膨大な時間と労力が必要になるだろうということは、容易に想像できると思います。もし、既成のリストがあれば、それを利用したいとだれもが考えることでしょう。そして、実際にそれがあるのです。いうまでもなくそれは日本語教科書です。

　しかも、日本語教科書は一種類、一冊だけではありません。長い日本語教育の歴史の中で、さまざまな教師の経験と考察の結果として、さまざまな種類の教科書が作られてきました。私たちは、それを使うことが許されているのです。

　このように考えると、日本語教科書には「経験の浅い教師が授業を作っていくためのガイドブック」という性質があることがわかります。特に母語話者教師にとっては、自分が知らなかった「日本語の学び方」を教えてくれる本だ、といってもいいでしょう。

　これは、その科目を勉強した経験がない教師、つまり、母語話者教師に当た

る人が存在しない、ほかの教科の教科書にはない性質だということはいうまでもありません。

3 学習者にとって日本語教科書とは何か

　次に学習者にとっての日本語教科書は何か、ということを考えてみましょう。ここでも、日本語教育とほかの教科の教科書の取りあつかわれ方を比較してみたいと思います。

　一般的な教科、とりわけ「暗記科目」といわれることもある地歴・公民（歴史、地理、政治経済）や理科（生物、地学、化学）などでは、勉強の目標として「教科書の内容をどれだけ（の量）正しく覚えられたか」ということが非常に重要になります。そのため、生徒たちにとって教科書は非常に重要な役割を果たします。次に示すのは、高校の「世界史」の教科書の例です。

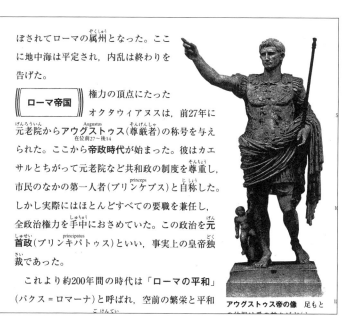

高校世界史教科書『詳説世界史B［改訂版］』（p.44）

第 1 部　日本語教材とは何かを理解する

　これらの教科の学習目標は、試験でいかに高得点をとるか、ということであると思います。歴史や生物の先生にそのようなことをいったら叱られてしまうかもしれませんが、かなりの生徒が試験を目標に努力しているのではないでしょうか。

　学習目標となる期末試験やセンター試験では、教科書に書いてあることしか出題されません。ですから、教科書の内容を確実に覚えれば、学習目標まで到達することができるのです。勉強を進めるとき、その中心にあるのは教科書であり、学ばなければならない内容も、教科書に 100 ％書かれているのです。

　したがって、教師は、生徒たちが教科書の内容に興味を持てるようにうまく誘導すること（「導入」といいます）が授業の目標になります。先ほど述べた「教科書と自分の授業をどのようにマッチングさせるか」ということです。

　その結果、生徒が試験でよい成績を収めれば、それが次の学習のモチベーションにつながっていくという正のサイクルが生まれます。「高校時代のこの教科の先生がすごくいい先生で、授業がとても楽しかったから教師になりたいと思いました」という体験談は、このような状態を指しているわけです。

　これに対し、日本語の学習は、状況がかなり異なっています。一般的に外国語を学習する際には、大量の単語（語彙）を覚えなければなりません。それに加えて日本語（と中国語）については、大量の漢字も覚えなければならないため、日本語も暗記科目である、といっても間違いではありません。

　しかし、暗記しなければならないこと、たとえば、ある学習者が必要とする特定の単語が、授業で使っている教科書に必ず出ているということはあり得ません。おそらく教科書に出てくる単語は、それぞれの学習者が必要とする単語のごく一部でしょう。つまり、学習者は教科書に出ていない単語も覚えなければならないのです。

　その反対に、教科書に書いてあるけれども、覚える必要がないこともたくさんあります。たとえば、例文や会話例をそのまま暗記する必要性は、かなり低いと思います。次に示すのは、「日本語」の教科書の例ですが、これらの例文をそのままの形で実際に使う場面は少ないと思われます。

8

第 1 章 日本語の教科書とほかの教科書の違いを考えてみよう

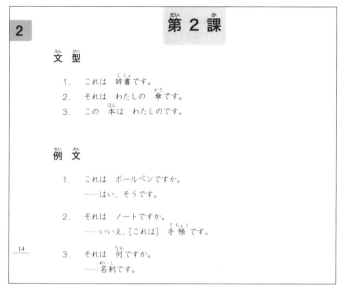

日本語教科書『みんなの日本語初級Ⅰ［第2版］本冊』(p.14)

　日本語の学習目標は、「日本語を使ってコミュニケーションすること」にあります。少なくとも初級レベルでは、それが学習目標となります。しかし「日本語教科書に書いてあることだけを話す日本語話者」というものは実在しません。また、学習者も「教科書に書いてあることだけを話せるようになればじゅうぶんだ」とは、考えていないはずです。

　『NEJ: A New Approach to Elementary Japanese ─テーマで学ぶ基礎日本語─［vol. 1］』(以下『NEJ』)という教科書があります。この教科書は、マスターテクスト・アプローチというユニークな学習法をとっており、最初にマスターテクスト(ほとんどがモノローグ)の朗唱と質疑応答練習をして、その内容と表現に習熟することが求められています。

　このように『NEJ』の場合、マスターテクストという形で、覚えなければならないことが明瞭に示されています。しかし、マスターテクストやその質疑応答を暗記することが、この教科書の学習目標というわけではありません。

　マスターテクストに習熟したら、次に「自己表現活動」として、マスターテクストをモデルとして自分のことを話し、エッセイを書くというタスクをします。こうして「自分のこと」が語れるようになることが学習目標なのです。

9

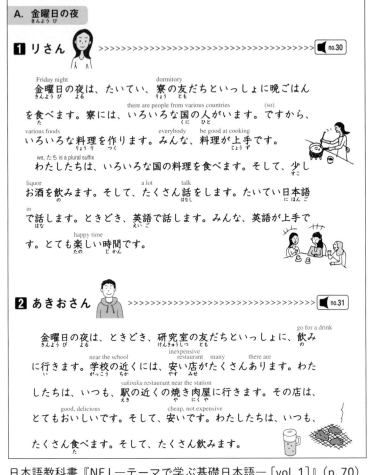

日本語教科書『NEJ―テーマで学ぶ基礎日本語―［vol. 1］』（p. 70）

　同様にほかの日本語教科書でも、AさんとBさんの会話や読解教材、ドリルなどを丸暗記する必要はないといっていいと思います。つまり、教科書に書かれていることの中で、初級の学習者が確実に身につけるべき項目といえるのは、「て形」のような動詞・形容詞の変化のパターン（活用）とよく使われる「表現形式」（文型など）に限られているのです。

　日本語学習者のモチベーションは、試験で高得点をとったときよりも、教科書で学んだ文型を使って、「自分の（話したい）こと」を日本語で相手に語

り、それが理解してもらえたとき、つまりコミュニケーションが成立したときに、より高くなります。コミュニケーションが成功した（会話ができた）という達成感が、その次を学ぼうというモチベーションになり、それがさらに次のサイクルを生むのです。

日本語を使って「話したいこと」は、個人によって違います。教科書に出ていないことも多いでしょう。その部分は、教科書の文型を応用し、自分で単語を調べ、考えて、表現していくしかありません。

このように日本語を学ぶ中で、教科書の役割はごく限られています。こんな場面でこんな文型が使えます、こんなふうに表現すればいいです、というヒントだけを示す「素材集」にすぎません。前掲の『NEJ』でいうと「マスターテクスト」に当たる部分です。学習者はそれをもとに、どのように自分のことを表現するか考え、実際のコミュニケーションの場面でスムーズにそれが使えるように練習を重ねる必要があります。

このように考えていくと、歴史の教科書と日本語教科書はかなり異なった性質を持っていることが、はっきりわかります。歴史の教科書は、ある意味で学習者にとって「完璧な」存在であるのに対し、日本語教科書は、教科書が「完璧な」存在になることは決してないのです。

したがって、日本語学習において、教科書という素材を自分自身のコミュニケーションに応用することも、現実の場面で使えるようにトレーニングすることも、学習者一人だけでは、相当難しいことです。特に初級レベルの段階では、素材の使い方を教えてくれるコーチや、使えるように訓練してくれるトレーナーの存在が欠かせません。

そのコーチやトレーナーに当たるのが、日本語教師という存在です。ですから、日本語教育において、クラスにおける学習を主導するのは教師であり、日本語教科書は、教師や共にトレーニングをおこなうクラスメイトの中で使われることによって初めて意味を持つのです。

4

学習順序、学習項目と教科書の関係

すでに述べたとおり、日本語教師には、母語話者教師と非母語話者教師とい

う二つのタイプの教師がいます。ここまでお話ししたことは、主に母語話者教師に当てはまることでした。しかし、非母語話者教師にとっても教科書分析は重要です。次に母語話者教師、非母語話者教師の区別なく教科書分析が必要な理由を説明しましょう。

その理由は大きく三つあります。①学習項目を学ぶ順番（学習項目の提示順）の決定、②学習項目の選択の決定、そして、③チームティーチングの実行です。

最初に「①学習項目の提出順の決定」ということを考えていきましょう。

実は、日本語の授業では、学習する事項（学習項目）をどのような順番で学んでいくか、ということが教科書によって決まるのです。

ここでも、歴史の教科書と比較してみましょう。歴史の教科書は必ず時代の流れにそって、つまり「古い時代」から「新しい時代」に向かって学習項目が並んでいます。そんなことは当たり前だと思うかもしれませんが、歴史の学習は、学習順序が決まっていて動かせません。

それ以外の教科では、歴史より若干、自由度が増しますが、動かせない基準というものは存在します。たとえば、生物では、細胞→染色体→DNA（マクロからミクロへ）、数学では、足し算・引き算→掛け算・割り算、あるいは一次方程式→二次方程式（単純なものから複雑なものへ）といった決まった順序があります。

ところが、日本語に関しては、そのような学習項目の配列について絶対的な基準というものが存在しません。学習順序は、かなり自由に決めることができるのです。

長い間、日本語教材・教具論の研究者として活躍した吉岡英幸が、1896年から2015年までに刊行された102種類の初級教科書を調べています。その中で、第1課の初出文型、つまり学習者が一番はじめに習う文型は、大きく3種類（名詞文、存在文、動詞文）に分かれることを明らかにしています。さらに、第3課までの初出文型を調べると、もっと多くのバリエーションがあることもわかりました（吉岡2016）。

ここで「名詞文」「存在文」「動詞文」ということばが出てきましたが、名詞文とは「わたしは日本人です」「これは教科書です」のように述語が名詞の文をいいます。同様に存在文とは「教室に学生がいます」「あそこに図書館があ

ります」のように述語が「います・あります」になっている文、そして、動詞文とは「学校へ行きます」「朝ご飯を食べました」のように述語が動詞の文をいいます。

なお、文には、ほかに「形容詞文」がありますが、形容詞文が第1課～第3課に取り上げられている教科書はありませんでした。また、存在文は、広い意味で動詞文に含まれると考えられます。

上の「名詞文」「存在文」「動詞文」の文例を見ても、表現している内容にかなり大きな違いがあるということがわかると思います。このように、日本語教育においては、第1課で初めて学ぶ日本語の文でさえ、決まっていないのです。

これを日本史の教科書にたとえると、「縄文時代」から勉強を始める教科書と、「現代史」から始める教科書と、「戦国時代」から始める教科書の三つのタイプがあります、とでもいわなければなりません。このようなことは、歴史の教科書では考えられないことです。

このようなことが起こるのは、すでに述べたとおり、日本語教育には、学習項目の順序を決める客観的な基準というものがないからです。教科書での提出順序は、あくまで著作者の主観によって決められたものなのです。

もちろん、時代によって日本語学習についての考え方（日本語教育観・学習観）も変化していきますから、大きな「流れ」のようなものは、認められます。そのため、同じ時期に出版された教科書で学習項目の出現順が類似する傾向はあります。たとえば、吉岡（2016）は、次のように述べています。

　　3課までに「Nをください」という要求文型や、動詞文が出てくる教科書が目立ち始めるのが70年代あたりからであり、これは単純でやさしい文型を積み上げていくという考えだけでなく、生活場面で必要性が高いものも重視するという考えが出てきたことを示している。　　（吉岡2016）

このように、基本的に日本語教科書の学習項目の提出順は、著作者の主観やその教科書が作られた時代の「教育（学習）観」とか「教育理念」と呼ばれるものによって、決定されるものなのです。

もちろん授業を担当する教師が、学習項目の提出順を一つ一つ検討して決め

ていってもよいのです。しかし、そのためには、授業（学習プログラム、コース）が始まる前にかなりの時間と労力をかける必要があります。しかし、教育観を同じくする教科書を授業で使えば、その作業を省略できるのです。

第10章で詳しく話しますが、日本語教育の理念は、時代とともにかなり大きく変化していきます。そして、教師もその時代の教育観の影響を受けていきます。同時に教科書も、日本語学習観、教育理念の変化に合わせて新しいものが作られていきます。したがって、教師が自分の教育理念に近い教科書を選ぶことは、それほど難しくありません。

これを逆に考えると、日本語教育においては、教科書が授業の進行そのものに大きな役割を果たしているということがいえるわけです。つまり、教科書が授業（学習プログラム、コース）の道標として使われているのです。

このように、日本語教育では、学習事項の提出順が一つに決まらず、さまざまなやり方が考えられるということは、教科書分析の際、非常に重要なポイントとなります。これについては、第4章と第5章で学ぶ「シラバス」と深く関係していますので、心にとめておいてください。

客観的な基準が明確に定まっていないのは、学習項目の提出順だけではありません。どのようなことを学習するかということ、つまり「②学習項目の選択」についても同様のことがいえます。

ここでも、教師が、学習者の学習目的に応じて学習項目を選択することが可能です。しかし、教科書分析によって適切な教科書を見つけることができれば、学習順序の問題と同様に、教師の時間と労力を一気に軽減することができます。

ただし、現在、使われている教科書を見ると、入門から初級にかけての日本語教科書の項目選択には、それほど大きな差異が見られません。教科書によって提出順は違いますが、修了時に学び終えている項目のリストを比べると、どれもよく似ています。しかし、その反対に、初中級以上の教科書の内容は、かつてに比べて非常に多様化しています。これは、日本語学習者の多様化とそれにともなう学習目的の多様化により、さまざまな学習目的別の教科書が作成されるようになったからです《➡第4章参照》。

最後に、ほとんどの入門・初級段階の日本語教育コースでおこなわれている「③チームティーチングの実行」と教科書分析との強い関連も見逃せません。

第 1 章　日本語の教科書とほかの教科書の違いを考えてみよう

これは、教科書分析の本質ではないという見方もできますが、現実にみなさんが教育機関でクラスを持つことになったときに、教科書が持つ重要な役割の一つとなることが多いのです《➡第3章参照》。

　このように考えてくると、日本語教育における教科書の位置づけがみえてきたと思います。一般的な教科では「教科書は学習者が学習するときのためにある」といえます。しかし、日本語教育では「教科書は（学習者よりもむしろ）教師が授業をするためにある」といってもいいすぎとはいえないように思います。

POINT

1　日本語教科書は、ほかの教科の教科書とかなり異なっている。

2　日本語教科書は、学習者のためだけにあるのではない。教師（特に母語話者教師）のためのガイドブックという役割も持つ。

3　学習者が教科書だけで日本語を習得することは難しく、教師とクラスで使うことによって初めて意味を持つ。

4　学習項目の提示順序は、決まっていない。提示順序は、その時代の外国語教育の理念を反映して決められる。

第2章

「日本語を教える」とは
どのようなことか
考えてみよう

アクティブ・ラーニングのための ▶ ▶ ▶ プレタスク

◆食堂やレストランでの言語行動を、できれば録音し、すべて文字化して
　みてください。
◆1週間の間に、だれかに何かを依頼する際に用いた表現と、ほかの人
　から自分に何かを依頼された際に用いられた表現を、すべて書き留めて
　おいてください。
◆上の二つのデータを見て、どんなことに気づきましたか。

　日本語教科書にはたいてい日本語の基本文型が提示されていますが、それは
どこから出てきたものなのでしょうか。そしてそれらを一つ一つ教えていくこ
とが「日本語を教える」ことといえるのでしょうか。この課では、日本語を教
えるということは実際に何をすることなのかを、日本語教科書を見ながら考え
ていきます。

1

日常の言語行動を観察してみよう

　私たちは、毎日、言語を使いながら生活をしています。朝起きてから夜寝る
まで、どのような場面で、どのようなことばを使っているかを思い起こしてみ

てください。内省してみると、じつにさまざまなことをしていることに気づきます。たとえば、朝ベッドから起きだし、家族に「おはよう。今日は少し暑いね。」といい、テレビをつけると、ちょうど朝のニュースの時間で、外国の大統領選挙の結果のことが取りあげられているようです。新聞の見出しに「台風21号、明日列島に接近」とあるのをざっと見ながら、お茶を飲みます。そして、タブレットを手にしてFacebookなどソーシャルメディアをチェックすると、知人が自作の料理をアップしていたので、「わあ、おいしそうですね😊今度レシピ教えてください！」と軽くコメントを書く、といった具合です。

　ここまでの行動を言語の技能という観点からみると、「聞く」、「話す」、「読む」、「書く」のすべてが含まれていることがわかります。またメディアも多様で、対面での会話もあれば、新聞もあれば、テレビもあれば、パソコンやスマートフォンなどもあります。必要となる日本語の種類という点からはどうでしょうか。家族との会話は親しい間柄の会話、つまり話しことばですが、ニュースや新聞は、専門用語が含まれた書きことばだということができます。そしてソーシャルメディアへのコメントの書きこみは、正確には書きことばではなく、情報機器のキーを使って書かれた「打ちことば」で、文字だけでなく顔文字も使われるといった特徴もあります。

　これらの例は、家庭の中の朝の光景でしたが、この後、学校や職場に場面が移ると、さらに多様で複雑な言語場面と言語行動が出てくることが予想されます。このように私たちの言語行動は、一つの場面であっても、いろいろな意味での多くの要素で成り立っていることがわかり、これらを教えるのはそれほど単純ではないということもわかります。

　そこで必要となるのが、私たちの言語行動を整理して、言語学習の項目を抽出するという作業であり、さらにそれらを日本語学習者が効果的に学べるように配列するということです。このような作業を通して出来上がったのが、日本語教科書です。あとで詳しくみますが、日本語教科書には多くの種類があり、多くの場で使われています。しかし私たちは、日本語教科書の中で扱われている内容が本当に私たちの言語生活を反映しているかどうかは、あまり意識していないのではないでしょうか。これは何も日本語教科書だけの特徴ではなく、外国語の教科書というものの性質だということです。

2

いつも話していることばと教科書の日本語を比較してみよう

　筆者（深澤）は以前、韓国に住んだ経験があります。韓国語はほとんど学んだ経験がなかったため、現地の大学で開講されている韓国語教室に通って韓国語の初級から勉強していました。しかし、なかなか上達しないこと、また実際の場で使えるような内容が教えられていないような気がして、ストレスを感じていました。あいさつなどを除くと、教科書にある例文を使ってうまく伝えられたと感じたのは、「お手洗いはどこですか。」と聞いたときと、注文していた物を受けとりに行ったときに、自分のではない物を渡されて「これは私のではありません。」といったときだけでした。多くの時間をかけて学んだのに、なぜこのようなことが起こるのでしょうか。一方、だからといって、外国語の教科書を用いた学習は意味がないといい切れるわけでもないはずです。

　ここからは、いつも話している会話と、教科書に掲載されている日本語を比較して、日本語教科書にはどのようなことが学習項目として取りあげられているのかを考えます。まず言語場面という点からレストランでの会話について、そして言語の機能という点から依頼の表現を取りあげて検討してみましょう。

3

レストランでの会話

3-1　レストラン場面での実際の会話

　みなさんは時々レストランや食堂に行くと思いますが、そのときにどのような日本語を使いますか。実際にレストランに行って、そこで自分や店員が使ったことば、あるいは店内やメニューに使われていたことばをすべて録音したり、内省して書き起こしたりしてみてください。これは後ほど説明しますが、コースデザインの中の「目標言語調査」と呼ばれるもので、この場面に関連することばや表現をすべて記録し、それをもとに学習項目を抽出するという作業です。もちろん現在は多くの教科書がすでに出版されていますから、厳密な目標言語調査をしないこともありますが、教科書で取りあげられている項目を深

く理解するために、やってみる価値のある活動です。

　まず私たちの生活になじみの深いファミリーレストランに行ったとしましょう。たいていは入り口のところで待ち、やってきた店員に「いらっしゃいませ。何名さまでしょうか。喫煙はなさいますか。」と聞かれます。「3人です。禁煙席でお願いします。」と答えると、店員が「こちらへどうぞ。」といって席に案内し、メニューと水をテーブルに置いて、「お決まりになりましたら、ベルでお知らせください。」といって去ります。メニューには、おいしそうな料理の写真とともに、料理の名前と説明が書かれています。たとえば「肉盛りワイルドプレート有機野菜サラダつき」とか「金目鯛の煮つけ御膳」とか、なかなか難しい名前が次々出てきます。「炙りにんにく大俵ハンバーグ」って、そもそもなんて読むんだろうなどと考えながら、写真を手がかりにともかく食べるものを決めて、ベルを押して店員を待ちます。店員はテキパキと注文を端末に入力しながら、質問をします。「ドレッシングは、フレンチとゆず醤油とゴマ風味と、どれになさいますか。」「ドリンクバーはおつけしますか。」といった感じです。

　間もなく店員が料理を運んできて、「すべておそろいでしょうか。」と聞き、私たちは「はい。」とうなずき、食事を食べはじめます。そして食事が終わって会計をする際、日本ではたいてい入り口付近のレジがあるところに行きますが、そのときに店員に「別々になさいますか。」と聞かれ、「はい、お願いします。」と答え、3人がそれぞれ自分が食べた分だけを支払います。

　このように普段はほとんど意識しませんが、場面をなるべく正確に描写しようとすると、上記のようなやりとりになります。ここで用いられている語彙を観察すると、喫煙／禁煙、席、ベル、にんにくなど比較的一般的なものも出てきますが、肉盛りやワイルド、大俵やドリンクバーなど、必ずしもよく使われるとはいい難い語も出現しています。また表現レベルでは、店員は「～なさいますか」などのように尊敬語を基調とした話し方をしていることがわかります。また会計の際の「別々に」は、会計場面特有の表現といえるかもしれません。このように実際のレストランでの言語行動には、多様な語彙表現が出現していることが特徴です。

3-2 日本語教科書でのレストラン場面の会話

　では、ここまで検討した実際のレストランの会話と、日本語教科書で扱われているレストラン場面での会話とを比較してみましょう。実際の例を見てください。これは『Situational Functional Japanese　Vol. 1　Notes』(以下『SFJ』)という教科書で、主に大学院進学を目指す留学生が日本語を初級から学び、大学院での学習や研究を進められるようになることを目指して作成されたものです。ここで取りあげられているレストラン場面と、収集したレストランでの実際の会話とを比べて、どんなことに気づきますか。

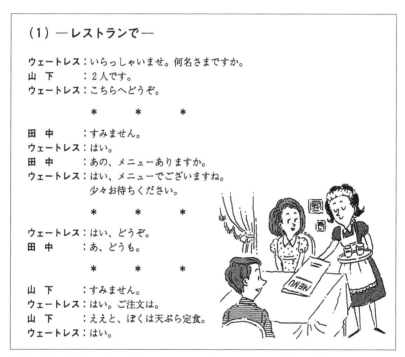

『Situational Functional Japanese　Vol. 1　Notes』(p. 52)

　まず、この会話が掲載されているのは、『SFJ』の Vol. 1 の第3課です。つまり、初級の早い段階で扱われているということがわかります。そのため実際の会話と比較すると、かなり単純化されていることに気づくでしょう。レストランに行くと、注文するまでにいろいろなことを質問されることが多いです

し、逆にメニューは頼まなくても持ってきてくれるでしょう。そしてそのメニューの中には、前節でみたように「天ぷら定食」や「サンドイッチ」「ラーメン」などの単純な料理名ではなく、特徴を印象づけるための凝った名前（「肉盛り」や「炙りにんにく」など）が並んでいることが多いのが現状です。そうすると、この課を学んでも実際にレストランに行くときには役に立たないということになるのでしょうか。

　別の面からも観察してみましょう。この教科書の会話は店員と客の間で交わされているため、「何名さまですか。」や「メニューでございますね。」など、敬語を含む会話となっていることがわかります。初級が始まったばかりの課であっても、実際の場面になるべく近づけようと努力がされていることがうかがえます。店員の「はい、どうぞ。」に対して、客が「あ、どうも。」と礼をいっていることはどうでしょうか。このような場面を模範的に正しく描こうとすると、「メニューでございます。」「ありがとうございます。」のようになりますが、この教科書では、「どうも」のような現実の場ではよく耳にするいい方が掲載されていることがわかります。

　これらのことから、現実の言語行動は複雑で多様なものであるため、教科書には可能な限り実際の場面の特徴を入れながら、単純化した項目を抽出しようとしているといえるでしょう。なぜなら、日本語初級レベルの学習者にとっては、複雑で多様な日本語を最初から提示しても、習得するには難しいと考えられるからです。

4

依頼の表現

4-1　日常場面で実際に用いられる依頼表現

　私たちがおこなう言語行動には、必ず何らかのコミュニケーション上の機能があります。たとえば友人を映画に誘おうとする場合には、「一緒に映画に行きましょう。」や「映画に行かない？」など、誘いという目的を遂行するための言語表現を用いる必要があります。このことを「言語の機能」と呼びます。

　それでは、依頼の機能を持つ表現を例に、私たちが実際にどのような表現を使っているかを考えてみましょう。依頼とは、話し手が相手に何らかの行動を

第 2 章 「日本語を教える」とはどのようなことか考えてみよう

するように、あるいはしないように要求することです。1 週間の間に自分が実際に使った、あるいは自分に対して用いられた依頼表現を書きだしたデータをもとに、検討してみます。

　あなたが大学の学生だとしましょう。朝、大学に行き、授業で仲のよい友人に会いました。するとその友人に、「先週風邪ひいて授業に出られなかったときのノート、見せてもらえないかな？」と頼まれたので、貸しました。昼休みに所属しているテニス部の部屋に行ったら、部屋が暑く空気も悪かったので、窓を開けてもらいたいと思いました。そこで後輩に「なんか、この部屋暑くない？」といったら、「窓を開けますか？」といって開けてくれました。午後はゼミがありました。ゼミでは、ゼミ生が順番に専門書や論文を読んで発表をしてから討論をすることになっており、ゼミの先生が「発表は一人 30 分で、必ずハンドアウトを人数分印刷して、あらかじめ配ってください。」といいました。来週の水曜日の夕方はアルバイトとしてレストランのウェイトレスをすることになっていたのですが、留学に関する説明会があることを忘れていたので、レストランの店長にメールを書き「水曜日の 4 時からのバイトのことでご連絡します。うっかり留学説明会があることを忘れていました。1 時間だけ、前の方に延長していただけないでしょうか。勝手で申しわけありません。」とメールを書きました。家に帰ると、夜に親戚が訪ねてくることになったそうで母が忙しそうに夕食の支度をしていて、「こっちを手伝って。」といわれたので、急いで手を洗って、台所に行きました。

　みなさんも依頼表現を収集したと思いますが、どんなことに気づきましたか。依頼表現で一番先に思い浮かべるのは、依頼というよりは丁寧な命令のような形の「～てください」といういい方かもしれませんが、実際に依頼をする場合には、相手との関係や依頼することの負担度の大きさなどによって、バラエティに富んだ表現を選んでいることがわかります。親しい間柄であれば、「～て」だけでじゅうぶんに伝わるでしょうし、逆に目上の人にお願いするような場合は「～ていただけないでしょうか」などの表現を用いる必要があります。「～てください」は、他人に命令や指図をすることが多い教師などはよく使いますが、普通の人は日常ほとんど使わないかもしれません。また直接依頼表現を使わずに「なんか、この部屋暑くない？」といい状況を察してもらうことで、依頼を遂行することも可能です。さらには、本当は依頼したいけれど、

さまざまな状況から依頼そのものをしないという選択をすることもあります。

このように、どのような場面でどのような依頼表現が使われているかは、非常に関連する要素が多く、私たちは複雑な選択を日頃無意識にしているのだということが、収集した文例によって浮かび上がります。

4-2 日本語教科書にみる依頼表現

では次に、日本語教科書に出てくる依頼表現を見ていきましょう。日本語の初級教科書では、いわゆる「て形」と呼ばれる文型が重要な学習項目として初級前半で扱われていることがほとんどです。「て形」は日本語の動詞の活用形の一つで、「〜てください」のほかにも、動作の進行を表す「〜ています」や、許可を表す「〜てもいいです」など、この形を使った多くの文法形式があるため、日本語学習の中では非常に重要な項目です。

次のイラストは、大学の研究留学生や研究員向けの日本語初級教科書『[新装版]はかせ2 —留学生の日本語初級45時間—』(以下『はかせ』)に掲載されている内容です。イラストの人物のせりふ例として、「すぐ行きますから、ちょっと待ってください。」と文が添えられています。『はかせ』は、よく使われている日本語教科書の一つである『みんなの日本語初級Ⅰ[第2版]本冊』(以下『みんなの日本語初級』)で扱われる項目や配列が似ている、構造シラバスにもとづいた教科書です。構造シラバスとは、学習する項目が文型や文法といった観点で整理されて、並べられているもののことをいいます《➡第5章参照》。異なるのは、教科書の対象者と目的です。『はかせ』は、日頃の研究活動は英語でおこなっていて、あまり日本語学習に充てる時間がない、しかし大学生活でも日常生活でも日本語を知っていたほうがよいと考える研究留学生や研究員を対象者としています。そして『みんなの日本語初級』Ⅰで扱う初級前半の文型が中心に、『はかせ』1と『はかせ』2で取りあげられています。つまり、『みんなの日本語初級』Ⅰのほぼ半分の内容だけが扱われている教科書だといっていいかもしれません。少ない学習項目

『はかせ2—留学生の日本語初級45時間—』(p. 32)

第 2 章 「日本語を教える」とはどのようなことか考えてみよう

を使って、大学や日常の場面で日本語が最低限使えるようになることを目的とした教科書であることがわかります。その『はかせ』の中に、「て形」を使った文型が出てきますが、「～てください」は第 17 課に出現します。実際の依頼には必ずしも多く用いられない「～てください」ですが、依頼表現のもっとも単純な形として「～てください」が扱われていることがわかります。

　この教科書で興味深いのは、依頼表現としてさらに「～てくださいませんか」が同じく第 17 課で取りあげられていることです。この教科書は、上述したように多忙な研究留学生や研究員が対象で、日本語と英語のバイリンガルで書かれていることもあり、情報量はかなり絞られている印象があります。しかしそれにもかかわらず、早い段階で丁寧な形の依頼表現を扱っていることには、この教科書の作者たちが、日本語レベルは高くなくても、成人、しかも大学での研究に取り組む研究留学生や研究員にふさわしい日本語の表現が使えるようになることを想定していることがうかがわれます。

　次の図は、『できる日本語　初級　本冊』（以下『できる日本語』）の第 7 課です。この教科書は、文型の習得を大きい目的とするのではなく、生活のさまざまな場面で日本語を用いて実際にできるようになることに焦点を当てる、新しいタイプの教科書です。

『できる日本語　初級　本冊』(pp. 122-123)

第7課では、皆でパーティーの準備をするという想定で、イラストを見ながら、「サラダを作ってください。」とか「パンを切ってください。」などの会話を練習していきます。これらは、あくまでもパーティーの準備をする場合に必然性のあることであり、文型練習のための練習ではないというところに、この教科書の大きい特徴が現れています。もし構造シラバスの教科書であれば、「〜てください」を練習する際にも、まず基本の動詞「書きます」「読みます」「待ちます」「食べます」「来ます」などを使って、文型に動詞を次々入れていく代入練習を、場面や状況との関連を特に意識せずにおこなうことが多いでしょう。しかしそれでは、実際の日本語場面でこの文型を使えるようにはならないだろうというのが、『できる日本語』の基本的な考え方なのです。

前節でみたように、実際の依頼にはさまざまな表現が使われていましたが、初級段階で依頼表現として扱われるのは、まずは「〜てください」の形であるようです。では、ほかの文型はどうでしょうか。

まず『みんなの日本語初級』では、第26課に丁寧な依頼表現である「〜ていただけませんか」が出てきます。一方、『はかせ』で「〜てくださいませんか」が取りあげられていることを前述しましたが、形が似たような表現であっても、この二つは日本語学習者の学習負担度がかなり異なります。「〜てくださいませんか」は、「〜てください」に「〜ませんか」をつけ加えるだけでできる表現ですが、「〜ていただけませんか」は、「いただく」の基本的な意味と、さらに「いただけ」が可能の意味を持つことを理解したうえで、「〜ていただけませんか」を新たな表現として学ばなければなりません。その意味で、日本語学習の時間をあまりとれない『はかせ』のような教科書では「〜てくださいませんか」だけを採用し、初級文型を網羅的に提示しようとする『みんなの日本語初級』では「〜ていただけませんか」を出し、その後も第41課で「〜てくださいませんか」を提示していることがわかります。

一方、くだけた表現としての「〜て」や、日頃よく使われている「〜てもらえますか」「〜てくれないかな」のような表現は、日本語教科書では扱われないのかというと、そうではありません。初級段階では扱われることが少ない、というのが実状でしょう。しかし前掲の『はかせ』の第17課では、「もう一度言ってくださいませんか。」が一番丁寧度が高いものとして扱われ、その下に「もう一度　言ってください。」が来て、そして親しい間柄で使う表現であると

の説明とともに「もう一度 言って。」が提示されています。これらを整理すると、表1のようになります。

表1 教科書による依頼表現の扱いの違い

表現 \ 教科書	『はかせ』	『できる日本語』	『みんなの日本語』
〜てください	第17課	第7課	第14課［初級］
〜てもらえませんか	扱いなし	第21課［初中級］	詳細は後述
〜てくださいませんか（〜てください＋ませんか）	第17課	扱いなし	第41課［初級］
〜ていただけませんか（「いただく→いただける」の理解）（〜ていただける＋ませんか）	扱いなし	第5課［初中級］	第26課［初級］
〜て	第17課	第7、8、9課［初中級］	第20課［初級］

また『みんなの日本語中級Ⅰ　本冊』（以下『みんなの日本語中級』）は、日本語学習者が『みんなの日本語初級』で一つずつ学んで積みあげた日本語の文型を使って、初級から中級への橋渡しとして「聞く・話す・読む・書く」の総合的な言語能力を習得することを目指す教科書です。

『みんなの日本語中級Ⅰ　本冊』(p. 7)

第1部　日本語教材とは何かを理解する

　この教科書の第1課では、まず上図のような「やってみましょう」「頼みにくいことを丁寧に頼む」というテーマで、「～てもらえませんか」「～ていただけませんか」「～てもらえないでしょうか」「～ていただけないでしょうか」が紹介されています。

　さらに中級や上級以上の会話教材では、ロールプレイによる練習を取りいれたり、依頼の表現だけに焦点を当てるのではなく、依頼の会話全体の構造にも注目させたりするなどの工夫がなされています。たとえば『［新版］ロールプレイで学ぶ　中級から上級への日本語会話』では、依頼会話の前置き表現としての「お忙しいときに、申しわけありません。」や「あのう、ちょっとお願いしたいことがあるんですけど。」などの表現を取りあげています。私たちの実際の会話では、依頼表現の多様さも特徴的ですが、依頼の内容に応じた会話の切り出し方にも実は気を遣っているはずで、そのことを意識させる教科書です。

5
日常を切りとって教科書が作られているわけではない

　ここまでみてきたように、私たちが実際におこなっている言語行動は、教科書で扱われている内容や学習の順序などと、かけ離れているようにも感じますが、なぜそのようなことが起こるのでしょうか。また、日本語教科書を学んでも日本語の上達にはつながらないのでしょうか。

　まず私たちが日常使うことばの一番の特徴は、多くの要素が混ざりあっていることだといえるでしょう。たとえばレストランでの言語行動では、席に案内される場面や会計場面など、比較的どのレストランでも同じような知識があれば対応できそうなものもありますが、メニューの内容はひらがな・カタカナ・漢字のすべてが使われているだけでなく、専門的な料理の名前や、さらに特徴を目立たせるために一ひねりした名前になっていることも観察されました。また依頼表現についても、現実の場面では依頼することの内容や相手によって、さまざまな依頼表現を使い分けていることもわかりました。

　これらの複合的な内容をすべて教科書に詰めこもうとすると、当然理解しにくくなってしまいますから、何らかの基準にもとづいて、情報を取捨選択した

第2章　「日本語を教える」とはどのようなことか考えてみよう

り並べ替えたりする必要があるということになります。その作業が「目標言語調査」であり、「シラバスデザイン」であり、そのプロセスが「教材開発」であるわけです《➡第5章参照》。言語行動のすべてを一度に教科書に詰めこむことはできないので、語彙や表現を何らかの視点から整理して、並べ替えをおこないます。また実際の行動に入っていたものであっても、汎用性が低いと思われるものについては教科書の中に掲載されないこともありますし、実際の行動に出てきた形よりもあえて単純化されて掲載されることもあります。そのために、すぐに実際の言語場面で使えないとか、会話の上達の実感が得にくいなどの問題も出てきてしまいます。教科書の作者は、現実と学習項目としての整合性とを天秤にかけながら、どのような語彙や表現を、どこにどのような形で扱うかということを考え抜き、実際の教科書の形にしていくのだといっていいでしょう。教科書を使う日本語教師は、教科書に出てくる文型や表現がなぜここにあるのかをじっくり考え、学習者にはその文型や表現を用いて実際に伝えられることや場面をなるべく多く示す、というのが大事な役割の一つであるといえるでしょう。つまり、日本語教師は教科書と対話をすること、そして教科書と現実の場面をつなぐこと、そのような役割を担っているのです。

POINT

1　私たちの日常生活で使われている言語は多様な要素が含まれており、日本語教科書に掲載されている内容とかなり異なることが多い。

2　日本語教科書では、多様な語彙や表現が何らかの基準で整理され、さらに汎用性などの観点から取捨選択されたり、単純化されたりしている。

3　日本語教科書を使う場合には、語彙や表現がどのように扱われているのかをじっくり考えることが重要である。

COLUMN
命令形はいつ使うのか？

　みなさんは、命令形を日頃使いますか？たとえば「立て」や「走れ」のような形です。筆者（深澤）は、命令形をいつ最後に使ったか思いだせません。いや、それどころか日常生活で実際に使った記憶がほとんどありません。日常会話の中で、「名前を書け」とか、「ここに座れ」などといったら、どんなに親しくても人間関係が悪くなるに違いありませんし、教師のように人に指示することが多い人であっても、このようなことば遣いは普通はしないでしょう。しかしそれでも、日本語教科書の中には必ずといっていいほど命令形が扱われています。なぜなのでしょうか。

　『みんなの日本語初級』では、第33課に命令形が出てきます。「急げ。」が文型として提示され、また命令形と一緒に扱われることの多い禁止形が、「立入禁止は　入るなと　いう　意味です。」という文型として扱われています。文例としては「頑張れ。あと　500メートルだ。」が示され、会話場面での提示に工夫がされているようすがわかります。

　『技能実習生のための日本語　みどり』には、最初こそ「これは　わたしのじしょです」のような文が出てきますが、だんだん就労現場を意識した「塗って、それから切れ」や「おい、そこ、放すなよ」が出てきています。同じ会話といっても、常に危険を意識し、緊張感が求められる場では、通常の言語感覚とはやや異なるということがわかります。

　また、ことばには命を守る機能もあることを知る必要があります。以前、外国人留学生が海岸で遊泳禁止の場所に入り、溺れて亡くなるという痛ましい事故がありました。「遊泳禁止」という注意書きが読めなかったためです。「気をつけろ」とか「入るな」など、日本語初級レベルであっても危険が伝わるような工夫が、今後外国人が多く居住するようになる日本では、ますます求められると思います。

　日本語教師に必要なのは、このようにことばとことばが使われる場の多様性について鋭い観察眼を持ち、問題に気づき、日本語教育の場に反映させていくことでしょう。

第3章

なぜ「教科書で学ぶ」のか考えてみよう

アクティブ・ラーニングのための ▶ ▶ ▶ プレタスク

◆外国へ行って、その国のことばの勉強を始めようと思いましたが、教科書がありません。教科書なしで勉強を進めていく方法を考えて、学習計画を立ててみてください。

◆上の学習計画では、学べないこと、学ぶのが難しいことは、何でしょうか。教科書がある場合と対比させて考えてみましょう。

　本章では、「日本語を学ぶ」方法について考えます。さまざまな外国語の学習方法が考えられる中で、なぜ「教科書」で学び、なぜ「教科書」で教えることが広く一般化したのか、ということを考えていきたいと思います。

1

母語の習得（獲得）と第二言語習得の違い

　第1章で「日本語母語話者教師は、日本語を勉強したことがない」という話をしました。「日本語を勉強したことがない」ということは、考えてみれば不思議なことですが、どんな人間でも、少なくとも一つだけは、まったく勉強しなくても「完璧に使える言語」を持つことができるのです。

　このような自覚的に勉強したことがないのに、不自由なく話せるようになったことばを「母語」といい、母語を習得した後に勉強して話せるようになったことばを「第二言語」と呼びます。なお、母語と第二言語の「習得」が同じも

のとはいえないことを強調するために「母語を獲得する」という言い方をすることもあります。

また「第二言語」というのは「母語」以外の言語という意味であり、母語以外に二つ目、三つ目の外国語（言語）を学習しても、それを「第三言語」「第四言語」と呼ぶことはありません。

本書では簡単に「日本語を勉強する」と書いていますが、学術的には「第二言語として日本語（Japanese for Second Language; JSL）を学習する」といったほうが正確です。

人の言語習得を研究する分野を「言語習得研究（論）」といいます。心理学と言語学と教育学などにまたがる学際的な研究分野です。

人がどのように言語を習得するのかは、まだまだわからないことだらけですが、母語習得と第二言語習得には、かなり異なった原理があるのではないか、と考えられています。母語習得がまったく白紙の状態で進んでいくのに対し、第二言語の習得は、すでに習得済みの母語の影響を強く受けるからです。

そのため、第二言語習得研究は、まず「母語の干渉（転移）」を調べることから始まり、学習者が母語と第二言語の間に創出する「中間言語」の研究へと進んでいきました。その後、母語とは関係のないさまざまな習得仮説も立てられていますが、母語の存在が第二言語習得に強く影響することは、否定されていません。実際に私たちが外国語を学ぶ際、母語の影響は常に自覚されると思います。

さらに、第二言語習得研究を大きく進めたクラッシェンのモニター仮説では、無意識に進む「習得」と意識的におこなわれる「学習」は性質が異なるものとされます。つまり、母語習得と外国語学習には、習得と学習という点でも本質的な差異があるというのです。

このように本質的な差異のほかに、習得（学習）がおこなわれる環境を考えてみても、母語習得と外国語習得には、大きな差があります。

第一に、年齢です。いうまでもなく母語は、生まれた瞬間から習得が始まります。それに対し、多くの人が外国語の学習を始めるのは、10代になってからです。特に日本語のように使われる地域があまり広くない言語の場合、20代、30代になってから2番目、3番目の外国語として勉強を始める人も少なくないと思われます。

第 3 章　なぜ「教科書で学ぶ」のか考えてみよう

　年齢が高くなるにつれて、記憶力が衰えてくる、ということはよくいわれることですが、反対に、年齢を重ねるとともに論理的な思考力がついてきます。言語の学習でいえば、単語を記憶する力は子どものほうが高いのですが、「言語の構造」（文法）を理解する力は大人のほうが高いと考えられます。

　このことから、年齢が高くなってから始める外国語学習では、たとえば「構造が単純なものから複雑なものへと段階的に学んでいく」といった、あらかじめプログラムされた学習が効果を上げるのではないか、という判断ができます。

　第二に、外国語の学習は、母語の習得よりもずっと短い時間で進むことです。私たちは、自覚のないままに母語を習得してしまい、成長した後に非常に苦労して外国語を学習するため、外国語学習のほうが、ずっと時間がかかるかのように錯覚していますが、実は、母語の習得のほうがずっと時間がかかっているのです。

　つまり、母語の習得には、4 年から 5 年という時間がかかります。しかも、この 4 ～ 5 年間、ほぼ毎日、母語を聞いたり話したりします。これに比べて、外国語学習に充てられる時間は短く、その学習密度（一日あたりの学習時間）もずっと低いのです。したがって、母語習得と外国語学習とでは、習得に要する時間の差が歴然としています。

　第三に、外国語の場合は、初めから四技能（聞く、話す、読む、書く）を合わせて学ばなければならないことが多いことです。

　もちろん、その外国語を学習する目的によって、どのぐらいの四技能を習得しなければならないか、という違いはあります。たとえば、学習の目的が「留学」である人と、「日常生活」のために日本語を学ぶという人を比較すれば、当然、前者のほうがより高いレベルの「読む」「書く」能力を必要とします。

　とはいっても、日常生活でも、「聞く」「話す」以外に、文字（かな・漢字）がまったく読めなければ、生活に支障をきたします。書類に住所などを書く必要もあるでしょう。ですから、日常生活に使う日本語の学習といっても、文字を読んだり書いたりする練習をまったくしないわけにはいきません。

　これに対し、母語習得には明示的な到達目的がありません。それもあって、四技能は順を追って、それも非常にゆっくりと習得されます。子どもと周囲の人たちの会話が、なんとか滞りなく進むようになるのは 5 ～ 6 歳ごろですが、

「読む」「書く」練習が始まるのは、さらにその後です。

　このように、学習環境や条件だけを考えてみても、母語習得と外国語学習には、大きな違いがあることがわかります。もっとも大きな差は、「外国語の学習は、母語よりずっと短い時間で学ばなければならない」ことでしょう。その一方、「外国語の学習は、その人が必要なことを必要なだけ学べばよい」ということもできます。つまり、はっきりとした目標を設定することによって、範囲を決め、限定的・計画的に学ぶこともできるわけです。

2

なぜ教科書を使って学ぶのか

　外国語の学習は、短い時間に効率的に進めなければなりません。さらに、初めから四技能を合わせて学ぶことが多いことがわかりました。そのため、外国語を学ぶときには、その難しい条件を挽回するようなプログラムを設計する必要があります。つまり「できるだけ短時間に効率的に学習する」ことができるようなプログラムです。それを求めて、昔から、いろいろな人が外国語を速く容易に習得する方法を考えてきました。その方法は一般的に「外国語教授法」と呼ばれます。

　本章のプレタスクで、教科書なしでの学習計画を考えてもらいました。どんな計画を立てましたか。まず、学習の方法を考える必要があります。たとえば、その国の人（学習する言語の母語話者）に頼んで、時間を決めて会話練習をする、といった方法が代表的なものではないでしょうか。次に会話練習の内容を考えなければなりません。一日目はあいさつ、二日目はレストランで料理を注文するときの会話、三日目は買い物のときの会話、などというふうに毎回のレッスンの内容を決めていく必要があります。

　外国語の教え方、つまり外国語教授法もこれと同じで、どのプログラムも、二つの要素の組み合わせで成り立っています。一つは「学ぶ方法」、つまり学習する言語の母語話者に頼むとか、ビデオをくりかえし視聴する、という学習の方法です。もう一つは「学ぶ内容」、つまり毎回のレッスンで何を学ぶか、ということです。

　ただし、学習するべき内容（学習項目）は、学習言語によってかなり異なり

第 3 章　なぜ「教科書で学ぶ」のか考えてみよう

ます。そのため、数多くの「教授法」の中には、その方法については、具体的に示しているものの、何を学ぶか、という内容については、ほとんど触れていないものもあります。

よく知られた教授法に「オーディオリンガル・メソッド」があります。この教授法を例にとってみましょう。

オーディオリンガル・メソッドでは、行動主義心理学にもとづいて「刺激－反射」による練習方法をもっとも重視します。これは、パターン・プラクティスと呼ばれますが、具体的には、基本文型の変形・入れ替え・接続などの練習をくりかえして、意識的に考えなくても、答えが無意識的、反射的に口から出てくるようにする、というものです。これが「学ぶ方法」に当たります。

一方「学ぶ内容」は、「言語は一定のパターン（構造）を持つ」とする構造主義言語学にもとづいて決められます。そこで、学習言語を「単純なパターン」から「複雑なパターン」へと配列して、その順序で学習していきます。

このことから、オーディオリンガル・メソッドで外国語を学ぶ（教える）ときには、その学習（授業）時間に学ばなければならない文のパターン（文型）と、それを習得するためのパターン・プラクティスを準備すればよいということになります。

このような理論にもとづいてプログラムされた「学ぶ方法」と「学ぶ内容」を印刷してまとめた本が、オーディオリンガル・メソッドの「教科書」になるのです。

つまり、外国語の教科書とは、学習目標にできるだけ短い時間で到達できるように、能率的な学習方法を示し、それに合わせた練習課題が書かれた本なのです。

母語習得と異なり、限られた時間に最大限の効果を得なければならない外国語教育では、綿密に設計された学習プログラムをまとめた「教科書」を使わなければ、効率的かつ効果的に学習を進めることが難しいといえるでしょう。特に修業年限があらかじめ定められている教育システム、つまり学校教育では、教科書の使用が欠かせないといえます。

3

だれがどのように教科書を使うのか

外国語教育における教科書の必要性は理解できたと思いますが、その代わり
こんな疑問を持った方がいるかもしれません。

「教科書に、学ぶ方法も内容も書いてあるなら、教師の役割は何だろう」

確かに教科書には、学ぶ方法と内容が書いてあるのですが、これは「文字情
報」としてそこにあるだけです。第1章で例に挙げた歴史の教科書であれば、
学習者が一人でそこに書いてある情報、あるいは知識を読んで記憶することに
よって、学習を終了させることができないわけではありませんが、日本語教育
では、そういうわけにはいきません。

学習者が日本語を学ぶ目的は、あくまでも習得した日本語を使ってコミュニ
ケーションができるようになることにあります。しかし、第2章で述べたとお
り、教科書に書いてある日本語と日常生活の中で具体的に使われている日本語
の間には、かなりの差があります。それをうまくつなげる役割を教師がしなけ
ればなりません。

学習者の立場からいえば、授業で教師に期待することは、教科書に書いてあ
る方法と内容を、実際のコミュニケーションで使えるようにしてほしいという
ことです。学習者が一人で教科書を読んでも、それができるようになることは
難しいからです。仮に教師が「教科書に書いてある情報を伝達する」だけの授
業をしていたら、学習者の側からクレームがつくことが容易に想像されます。

単に教科書に書いてある「情報」（内容）をわかりやすく「伝達」するだけ
なら、教師一人で50人から100人のクラスを担当することが可能です。しか
し、学習者が必要としていることは「教科書に書いてある情報の理解」だけで
はないのです。

この事情を反映して、外国語教育では、クラスの人数は20名以下が普通で
す。それどころか、10名以下というクラスもめずらしくありません。そのよ
うなクラスの人数も、外国語学習の目的から必然的に決まってくるのです。そ
れは、教科書に出てきた学習項目（文型など）を使いこなせるようにするため

には、実際にコミュニケーションを試してみる、つまり、会話練習などをする必要があるからです。

　日本語教育の授業では、日本語で自分のことを表現するために、教科書で学んだことをどのように使えばよいかということを一人一人が考え、それを実行していかなければなりません。さらに、相手がそれに対して、どのように反応するかを確かめて、適切な反応を返す……という一連の動作（つまりコミュニケーション）を成功させるための練習を積むのが日本語の授業です。

　教師は、教室で教科書を使って、学習者のコミュニケーション能力を高めるような練習をしなければなりません。したがって「教科書で教える」、さらには、学習者の目的に従って「教科書から（さらに発展して）学習者の目的とすることを教える」のが日本語教師の仕事となるのです。

4

どのように「教科書で教え」ているのか

　では、日本語教師は、具体的にどのように教科書を使い、「教科書で教え」ているのでしょうか。

　筆者は、これまで何人もの日本語教師に教科書の取りあつかいについて質問してきました。担当するクラスの学習レベルによって、かなり回答が異なってきますが、入門・初級レベルのクラスを担当する場合については「教科書を開かずに授業を進める」という教師が多いことがわかりました。

　　　私がやるときには、最初は教科書を開かせて全然やらないんですよ。全
　　部耳から。まずは耳から聞いて理解して（もらいます）。

（本田 2016, p. 212）

「教科書を開かずに授業を進める」といっても、授業の最後まで、一度もまったく開かない、という教師はいませんでした。では「どこで開くか」というと、その授業で学んだ事項の確認をするとき、つまり「新出学習項目の導入」という過程の終わりに教科書を開くという人が多く、教科書で習った文型などを、一度文字で確認してから、それを使いこなすためのドリルや会話練習

などに入るというパターンが主流をしめているようです。

　そのドリルや会話練習などをおこなうときも、教科書を見ながらおこなう、という教師は多くありません。ドリルの手順や会話練習のテーマを例示するために教科書を使うことはあっても、練習そのものは教科書を閉じて口頭で、あるいは、スライドとプロジェクター、あるいはフラッシュカードを使っておこなっている教師がほとんどです。つまり、教科書は授業の進行の要所で、いま何を学んでいるのか、ということを学習者に確認させるために使われるのです。

　下の証言では、授業における教科書（文字）の位置づけがよくわかります。

　　　やっぱり文字というのはすごい必要だと思うんですね。学生にとって。
　　　だから最終的にこれがこうなるよというのは（中略）文字を見て頭の中に
　　　ピチッとはまってほしいというのがあるんです。　　　（本田 2016, p. 212）

　このように教科書は「文字」によって、学習者に、いま学んだことがどんなことか、はっきり確認させるために使われています。教科書による学習事項の確認は、授業中に教室でおこなわれるだけではなく、教室の外で学習者が復習をするときにもおこなわれるだろうと思います。

　前節で母語習得と第二言語習得の差異として、四技能の学習の進行が異なることを挙げました。「読む」ことを「聞く」ことや「話す」ことと同時に学習しはじめるのも、教科書を使用することと関係しているわけです。

　教科書を使っての学習事項の確認には、自分の勉強がどこまで進んだかということを学習者に自覚させる意味もあります。自分がどこまで勉強したか、いままでどれだけのことを学んできたか、あとどのくらい努力すれば目標に到達できるのか、ということが目に見えるようにすることは、学習のモチベーションを維持するために重要なことです。教科書は、その物理的な「厚さ」によって、自分の学習の進展を「見える化」するという役割も果たすのです。

　以上、述べてきたとおり、日本語教育において、学習者にとっての教科書の役割は、①授業で（口頭で）学んだことを「文字」として確認する、②学習がどのくらい進んだかを「見える化」してモチベーションを維持する、ということだといえるでしょう。

5

教師にとっての教科書の役割

では次に「教師と教科書との関係」を見ていきたいと思います。

第1章で日本語教育では、学習順序と学習項目の選択に関して絶対的な基準がないことをお話ししました。授業（コース）を実施するときには、だれかがそれを決めなければなりません。

授業（コース）の目的や内容のスケジュールなどをまとめたものをシラバス（Syllabus）といいます《➡第5章参照》。つまり、授業の計画が書かれたプログラムです。

後行シラバスと呼ばれる、学習者が教師と相談して授業内容を決めるやや特殊な形式の授業もあります《➡コラム「「先行シラバス」「後行シラバス」って何？」参照》が、一般的な授業では、その授業（コース）開始前に、教師が学習者の人数やレベル、学習目的、到達目標などを考慮し、また、自分の日本語教育理念や方針にもとづいて、シラバスを作成します。

しかし、実際にシラバスを作るという作業は、難しくて時間がかかる作業です。シラバス作成は次のような手順で進められます。

まず、総授業時間や想定される学習者のレベル、学習目的を考慮したうえで、学習項目、つまり何と何を教えるかを決めます。次にその項目を教える順序と、各項目にかける時間数を決めます。しかし、この作業はかなり経験を積んだ教師でなければ、判断がつきません。

さらに、決まった学習項目の一つ一つについて、授業でおこなうドリルやタスクを作っていかなければなりません。これは、相当の作業量となります。したがって、新たなシラバスを作ろうという場合は、実際にコースが始まるよりずっと前から作業を始める必要があります。

また、シラバス作成にあたっては、実施するコース間の連続性も考えなければなりません。日本語の授業（コース）は、入門→初級→初中級→中級→上級→超級といったレベルで区切られて、進んでいきます。そのとき、同じ教師が同じ学校で、同じ学習者を一貫して担当し続けるということは、ほとんどありません。

たとえば、初級までは学習者の出身地（母国）で学んでから、日本に留学し

てその先を学んだり、初中級までは日本語学校で学び、その後は進学した大学で学んだり、というふうに教育機関を移動する学習者が、とてもたくさんいます。また、学習を一時中断し、数年後に再開するといった学習者も多くいます。さらに、大学で学習・研究するための日本語を学んでいた人が、日本で就職してビジネスのための日本語を習得する必要が生じるといった学習目的の変更もよくあることです。

このようなことを考えると、日本語教師が自分自身の教育理念によってシラバスを決定することができる、とはいっても、あまりにも独創的で、まったくほかの人が思いもつかないようなシラバスを作成してしまうと、学習者がさまざまな理由で教育機関を移動したとき、スムーズに次の段階の学習に進めない、という状態を作る可能性が高いといえるでしょう。

いいかえれば、シラバスは、学習者に不利益を与えないために、ほかの日本語教師や学校と協調的に、横並びで、できる限り共通する教育理念にもとづいて作成されることが望ましい、ということになります。ですから、新たにシラバスを作ろうという場合には、それまでにさまざまな教育機関で作られてきたシラバスのこともよく研究しておく必要があります。

また、第1章でお話ししたとおり、日本語教育の教育理念の大きな流れ（トレンド）を理解し、それをどのように取りいれるか、あるいは取りいれないかということも考えに入れる必要があります。

以上のように、新たにシラバスを作るということは、かなり膨大な作業となります。もう一度整理してみましょう。

(1) コースの総時間数・日程、クラスの人数、各学習者の学習歴・学習目的、学習目標（ゴール）を確認する
(2) 学習項目を選択する（ほかのシラバスとの比較が必要）
(3) 学習順序を決定する（ほかのシラバスとの比較が必要）
(4) それぞれの学習項目に必要な時間を決定し、日程と照合する
(5) それぞれの学習項目を習得するためのドリルやタスクを考える

そして、(1)〜(5) のまとめとして、効果を測定する（つまりテスト）の方法と評価基準を考えるということが必要になる場合もあるでしょう。

第3章　なぜ「教科書で学ぶ」のか考えてみよう

　どうでしょうか。このように書きだしてみると、新たにシラバスを作ること
が非常に複雑な作業であることがわかると思います。ただし、現実的には、シ
ラバスを学期ごとに大きく変える必要はありません。

　プライベートレッスンであれば、レッスンを依頼する学習者が変わるたびに
シラバスを作りなおさなければならない可能性がありますが、継続的に経営・
運営される教育機関や地域の日本語教室では、毎学期、同じような条件の学生
を募集し、同じようなコースを実施することになるため、同じシラバスをくり
かえし使うことができるでしょう。

　さらに、そのシラバスは、ほかの教育機関とそれほど異なったものにする必
要はありません。むしろほかの教育機関と協調的なシラバスのほうがよいとも
いえます。

　そこで考えられるのが、シラバス作成を一からおこなう代わりに「教科書を
決める（採用する）」という方法です。上にシラバス作成の手順を（1）〜（5）
にまとめました。それを教科書を使うなら、手順は次のようになります。

　まず、（1）によって、そのコースに必要な条件を分析し、その後、そのコー
スに使える教科書を探します。その方法が、「教科書分析」です《➡第5〜7章
参照》。そのコースに完全にマッチした教科書はないかもしれませんが、使え
そうな教科書は、数冊みつかるはずです。その中から、採用する教科書を選び
ます。

　教科書を選べば、自動的に（2）と（3）は教科書に任せることができます。
（4）についても、カレンダー上に教科書の各課の実施日（と担当者）を書きこ
めば完了します。実際には、学校の学期の日程などに合わせて細かな調整が必
要になりますが、コースに合わせて適当な教科書を見つけることができれば、
学期の前に教師がしなければならない仕事が一気に軽減されるのです《➡（5）
については、第8章参照》。

　実は、市販されている日本語教科書のほとんどが、実際に運営されている
コースで使うために作られたもの、つまりすでにたいへんな労力を使って作成
され、実践されたシラバスを授業時間（各課）ごとに詳細にまとめたものなの
です。教科書の前書きなどを読むと、その経緯がよくわかります。したがっ
て、教科書をシラバス作成の基準とすることは理にかなっているともいえるわ
けです。

41

このように日本語教育において、教科書は教師の負担を一気に軽減し、ほかの仕事をするための時間を作ってくれる「教師のためのツール」なのです。また、特に経験が浅い日本語教師にとっては、どんなことをどのような順序で教えればいいのかということを教えてくれる「教師養成のためのツール」でもあるのです《➡第9章参照》。

6

チームティーチングのガイドブックとしての役割

最後にもう一つ重要な教科書の役割について話しておきましょう。曜日や時間によって同じクラス（コース）の授業を複数の教師で担当することを日本語教育でチームティーチングといいます。このチームティーチングと教科書の関係です。

入門・初級から初中級にかけての日本語教育では、チームティーチングでおこなわれることが非常に多いという現状があります。そのため、チームティーチングを効率的に進めることはきわめて重要な課題になっています。

一般的に入門から初中級にかけての外国語教育は、短期間に集中して学習することが重要です。学習時間が同じでも、短い期間に一気に学ぶのと、長期間かけてゆっくり少しずつ学ぶのでは、前者のほうがずっと学習効果が上がるからです。

たとえば1週間に2時間ずつ2年間かけて外国語を学ぶコースと、1週間に10時間かけて1ヵ月学ぶコースを比較すると、総学習時間はほぼ同じぐらいになりますが、終了後に効果を測定すると、後者のほうがずっと効果が高いのです。それを千野栄一は名著『外国語上達法』で次のように表現しています。

> ある外国語を習得しようと決心し、具体的に習得に向かってスタートしたときは、まず半年ぐらいはがむしゃらに進む必要がある。これは人工衛星を軌道に乗せるまでロケットの推進力が必要なのと同じで（ある。）
>
> （千野 1986, p. 40）

これは、外国語教育に関わる人たちにとっての「常識」です。そこで、日本

第3章　なぜ「教科書で学ぶ」のか考えてみよう

語教育機関では、一般的に入門から初級にかけての学習はインテンシブ（集中）コースとしておこなわれます。多くの日本語学校などで採用されているのは、週5日（月～金曜日）の午前中を授業に当てる（さらに週2～3日、午後に漢字や聴解、さらに入試や日本語能力試験対策の授業をすることも多い）というものです。

このようなインテンシブコースを一人の教師だけで担当することは、まずありません。毎日同じ先生に習っていたら、それが、どんなに教えるのが上手な先生でも、しだいに慣れてきて、学習に必要な緊張感が薄れてしまいます。また、現実社会において日本語でコミュニケーションする相手はさまざまなので、教室でも年代や性別が異なるいろいろなタイプの教師に出会い、練習を積んでおくほうがいいのです。

そこで、インテンシブコースでは、ほとんどの場合、複数の教師が曜日と授業時間を決めて交代で授業を担当するという形式がとられます。このとき問題となるのが、授業の引き継ぎをどのようにおこなうかということです。次の時間の授業を担当する教師に、どこまで授業が進んだかを連絡するのは、かなり手間と時間がかかる作業です。

しかし、教科書があれば、事前に「木曜日2時間目は46ページをする」と予定を細かく、しかも簡潔に決めておくことができます。もし、予定どおりに進まなかったときでも「46ページの文型3ができませんでした。すみません」と簡単に次に引き継ぎができるわけです。

このように現実のチームティーチングにおいては、教科書が旅行のガイドブックのように、あるいは道標として使われています。このような教科書の機能は、あまり注目されることがありませんが、チームティーチングによるインテンシブコースという、初級クラスのスタンダードな運営スタイルをとるためには、ある一冊の教科書を選定して使用することが不可欠であるといってもいいでしょう。

POINT

1　第二言語の習得は、母語の習得よりもずっと短い時間におこなわなければならない。

第 1 部　日本語教材とは何かを理解する

2　短い時間に効率的に習得（学習）を進めるために教科書が使われる。

3　学習者にとって、教科書は、①授業で学んだことの確認、②学習の進度を可視化して学習モチベーションを維持する、という役割がある。

4　教科書の使用により、教師のシラバス作成作業は大きく軽減される。

5　教科書はチームティーチングの道標としても使われる。

第 2 部

日本語教材を分析する

第４章

教科書の目的と多様性を知ろう

アクティブ・ラーニングのための ▶ ▶ ▶ プレタスク

◆あなたが持っている英語など外国語の教科書や教材にどのような種類が
　あるか、書きだしてみてください。
◆最近あなたが使った外国語の教科書は、どのような構成になっています
　か。またどのような内容ですか。特徴を記述してみてください。

　日本語教育においてもっともよく使われるのはいわゆる教科書ですが、実際
の授業では、教科書以外にひらがなのカードや五十音図、聴解練習のための
CD など、さまざまなものが用いられています。本章では、まず日本語教育の
現場で無意識に使われている教科書や教材、教具といった用語の定義を考えた
うえで、何がそこに含まれるのか、どのような特徴があるのかを考えます。

1

教材、教科書、教具を定義する

　教育の場では「教材」を用いて教えることがほとんどです。「教材」を定義
すると、教師がある学習項目を教える際に、それを支えるために使用する素
材、ということになります。教材の分類として、教科書と補助教材、教具に分
けられます。図に示すと図1のようになります。ただし昨今では、ICT（Infor-
mation and Communication Technology）の発展とともに、メディアの多様化
が進んだため、これらの境界がはっきりしていないことも多くなっています。

47

図1　教材の分類

　ではまず、教材の中心ともいえる「教科書」とはどのようなものでしょうか。『[新版]日本語教育事典』では、教科書を「ある教育・学習目的のためにデザインされたカリキュラムに従って教育・学習内容を編成し、学習項目ないしシラバスを一定順序に配列し、印刷物などにまとめたもの」と説明しています。つまり日本語教育の学習内容を体系的に、本などの形にまとめたものが教科書だということができます。前述したように、最近はメディアの種類が増えたため、教科書は必ずしも印刷された紙の本であるとは限らず、電子書籍（eブックなどとも呼ぶ）の形で、スマートフォンやタブレット型端末、あるいは電子書籍リーダーで使用する場合もあります。

　後ほど詳しく見ますが、日本語教育で用いられる教科書の中には、日本語の文型や、日本語の「聞く」「話す」「読む」「書く」という四技能が満遍なく扱われている総合教科書をはじめとして、技能別教科書、目的別教科書など、さまざまな種類のものが含まれます。

　なお、日本語教育プログラムの中で主に用いられる総合教科書を「主教材」、それ以外の補助的に使われる技能別の教科書などを「副教材」と分類することがあります。しかし教育形態が多様化している現在、総合日本語のコースも技能別日本語のコースも独立して実施されることがあり、主教材・副教材という分類はあまり現実的ではなくなっていると考えられるため、本書ではこの分類はしないことにします。

　次に「補助教材」とは、教科書を使用するに当たり補助的な役割を担うものを指し、学習者の理解をより深めるために使われるものであるということができます。補助教材としては、いわゆる教室内でのタスク用シートなどのプリント類、辞書や地図などの資料類、新聞記事や番組録画などのリソース類、Web上のeラーニング教材、日本語能力試験用の問題集などが含まれます。

　「教具」とは、教育場面で使われる道具のことを指します。たとえば日本語

第 4 章　教科書の目的と多様性を知ろう

教育では、文字や絵などのカード、ロールプレイで使用するロールカード、五十音図、CD・DVD などが含まれます。文字や絵などのカードは、従来は紙のカードが使われることが多かったのですが、最近では PowerPoint などでスライド化して、プロジェクターで投影して使われることが一般化しています。教具の中には、必ずしも日本語教育に使われると想定されているわけではない時計やカタログなどの実物が教材として使われることがあり、これらはレアリア（realia）、あるいは「生教材」と呼ばれています。

また作文というと原稿用紙やレポート用紙に「書く」というイメージがありますが、最近は ICT の発展にともない、電子機器のキーを使ってことばを打ち込むことが増えてきており、インターネットや ICT の教材への影響は大きいといえるでしょう。

2

教科書の特徴

2-1　日本語教科書の種類

　教科書は、前述のとおり、日本語教育の学習内容を体系的、かつ一定の順序に配列したうえで、本などの形にまとめたものです。

　日本語教育で用いられる教科書は、いくつかの側面から分類することができます。たとえば、学習目的や学習内容、学習対象者、技能やレベル、シラバスなどによって異なってきます。

　ここまで何度か「シラバス」ということばが出てきましたが、言語をどのような観点で整理したかによって分類した、外国語教授法の代表的シラバスを指すことがあります。「構造シラバス」、「場面シラバス」、「機能シラバス」、「話題シラバス」などです《➡第 5 章参照》。

　教科書のさまざまな分類のしかたを表 1 にまとめました。まず特に学習の目的や対象者などを特化しない一般的な日本語を中心とした総合日本語か、目的によって内容が特化されている目的別の日本語かに分けられます。さらに、学習対象者別や技能別に分けることができ、また同時にどのような外国語教育シラバスに準拠しているかによっても分類することができます。

49

表1　日本語教科書の分類

項　目	分　類
内　容	総合日本語／目的別の日本語
学習対象者	年齢／所属・職業／母語・国籍
レベル	入門／初級／初中級／中級／上級
技　能	聴解／読解／会話／作文
シラバス	構造シラバス／場面シラバス／機能シラバス／話題シラバス　など
そのほか	教授法／対訳言語　など

2-2　教科書の特徴 ―総合日本語教科書―

　では、2-1でみた教科書の分類にもとづき、実際の日本語教科書の特徴をいくつかみていきましょう。

　まず日本語の学習目的や対象者などを特化しない一般的な日本語を学ぶ総合日本語教科書から説明します。このタイプの教科書でもっとも典型的なものとして、『みんなの日本語初級』が挙げられます。この教科書は、対象者は成人で、日本語を初めて学ぶ学習者向けのものです。本冊については特定の言語の翻訳や解説はありませんが、「ひらがな版」と「ローマ字版」があり、さらに「翻訳・文法解説」については、各国語版が用意されています。

　教科書がどんなシラバスにもとづいているかは、目次を見るとだいたい見当がつきます。表2に『みんなの日本語初級』の目次の一部を示しました。これを見ると、文型が単純なものから複雑なものへと配列されている「構造シラバス」であることがわかります。つまり一つの文型を学習して、それを基礎にしてまた新たな文型を学んでいくという、いわゆる文型積みあげ式の特徴を持った教科書であるといえます。もっとも、『みんなの日本語初級』でも単純な構造シラバスによっているわけではなく、文型を中心とする言語知識をもとに、コミュニケーション力も身につくような内容として「会話」やコミュニケーションの練習問題が盛り込まれています。

第4章　教科書の目的と多様性を知ろう

表2 『みんなの日本語初級』Iの目次の一部

＊実際の目次の漢字には、すべてふりがなつき

| 第1課 |
| わたしは　マイク・ミラーです。 |
| サントスさんは　学生じゃ　ありません。 |
| ミラーさんは　会社員ですか。 |
| サントスさんも　会社員です。 |
| 会話：初めまして |
| 第2課 |
| これは　辞書です。 |
| それは　わたしの　傘です。 |
| この　本は　わたしのです。 |
| 会話：これから　お世話に　なります |
| 第3課 |
| ここは　食堂です。 |
| エレベーターは　あそこです。 |
| 会話：これを　ください |
| 第4課 |
| 今　4時5分です。 |
| わたしは　毎朝　6時に　起きます。 |
| わたしは　きのう　勉強しました。 |
| 会話：そちらは　何時までですか |
| これが25課まで続く |

　総合日本語教科書でも構造シラバスにもとづいているとは限りません。第2章で紹介した『SFJ』のように、場面シラバスと機能シラバスの複合シラバスが採用されている教科書もあります。オーディオリンガル・メソッド《➡第3章参照》の正確な言語知識を重視する考え方から、徐々に、場面や状況に合った自然なコミュニケーションを重視するというコミュニカティブ・アプローチの考え方に変化し、それが教科書に反映されています。

　また、総合日本語教科書は初級用がもっとも出版数が多いですが、中級用もあります。たとえば『みんなの日本語中級』では、初級レベルを修了した学習者が引き続き学ぶことのできるような表現と文法、言語の機能に注目した内容を扱う「聞く・話す」、さまざまなトピックで「読む・書く」を練習するとい

51

うように、四技能を満遍なく学んで中級段階の日本語能力が身につくことを目指しています。

2-3　教科書の特徴 ―目的別の日本語教科書―

　目的別の日本語教科書は、日本語学習の目的に応じて作成された教科書を指します。聴解（聞く）、読解（読む）、会話（話す）、文字・作文（書く）の四技能別の教科書はその一例ですし、ビジネス日本語などの専門日本語の教科書も含まれます。また『みんなの日本語初級』と同じような構造シラバスの教科書であっても、学習対象者によって扱われる場面や語彙が異なってくる場合は、目的別の教科書に含まれると考えられます。対象者が子どもである『こどものにほんご１ ―外国人の子どものための日本語―』などの場合、学校生活に関連する「きゅうしょく」とか「えんそく」などの場面や語彙が含まれていますし、大学の研究留学生や研究員対象の『はかせ』では、論文作成や学会発表が話題として盛り込まれています。

　技能別の教科書の例としては、たとえば『毎日の聞きとり50日　上［新装版］』が挙げられます。初級文型を意識しながらも、場面や背景を含めた、総合的な聴解力を養成することを目指す教科書です。CD が付属しています。また日本語学習の中では困難をともなうといわれている漢字についても、さまざまな教科書が出版されています。『留学生のための漢字の教科書　初級300［改訂版］』には、漢字の成り立ちや日本語の中での使われ方の説明から書き順、さらに漢字や熟語の意味には、英語、中国語、韓国語、インドネシア語、ベトナム語の翻訳が示されています。

第4章　教科書の目的と多様性を知ろう

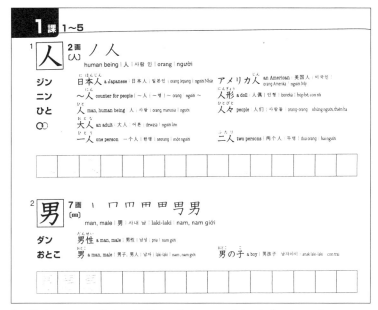

『留学生のための漢字の教科書　初級300［改訂版］』（p. 28）

　次に、専門日本語の教科書には、ビジネスパーソン向け、技能実習生向け、看護師・介護福祉士候補者向け、留学生向けなどがあります。

　最近では、2008年から経済連携協定（EPA）による外国人看護師・介護福祉士候補者の受け入れが始まったことを機に、病院や高齢者施設での活動に必要な語彙表現を学ぶ教科書や、国家試験対策のための教科書や問題集などが多く出版されるようにもなっています。たとえば『はじめて学ぶ介護の日本語　基本のことば』は、「施設のことば」、「体・体調のことば」、「介護のことば」、「制度のことば」、「まとめの問題」から成り、介護職を目指す外国人学習者が知る必要のある基礎語彙や表現が網羅されています。

2-4　教科書とシラバス

　前節でも少し述べましたが、教科書を特徴づけるものとしてはどのシラバスが採用されているかが重要となります。それは同時に、その教科書がどのような言語能力を重視しているかを表しているともいうことができます。たとえば

第 2 部　日本語教材を分析する

『みんなの日本語初級』では前述したように構造シラバスが採用されています
が、構造シラバスは、言語を「形」ということを観点に整理して、体系的に配
列したものです。このことは、正確な言語知識を習得することが重視されてい
ることを意味しています。

　次に、場面シラバスの例を見てみましょう。ビジネスパーソン向けの教科書
『人を動かす！　実戦ビジネス日本語会話　中級 1』では、「新人を歓迎する」、
「仕事の引き継ぎをする」、「取引先を訪問する」、「営業報告会に出る」、「職場
の人とランチに行く」など、ビジネスの場で必ず遭遇するであろう場面が取り
あげられ、場面に必要な語彙表現と、それを具体化した会話が提示されていま
す。典型的な場面シラバスの教科書であるといえますが、場面シラバスでは、
一文一文の正確な再現よりも、実際の場面でのコミュニケーションがうまくで
きるかということが重視されており、必ずしも習得事項を積みあげていくよう
な配列にはなっていないことや、自然な会話には不可欠の相づちやフィラーな
ども積極的に扱われることがあるのが特徴です。

　ただし、どのシラバスも言語知識と実際のコミュニケーションの関係から見
た場合には一長一短があるため、実際の教科書では、単一のシラバスにのみも
とづいた構成にはせずに、複合シラバスになっていることが多いといえます。

2-5　新しい流れ

　グローバル化や ICT が進んだことによって、日本語教育も大きい影響を受
け、教科書にも変化が見られるようになります。

　たとえば『まるごと　日本のことばと文化　入門（A1）かつどう』（以下
『まるごと』）は、総合教科書ですが、主な対象者が海外の日本語学習者であ
り、しかもこれまでの構造シラバスの考え方とは異なった考え方で編集がなさ
れています。日本語の言語的知識を習得していくというより、日本語を使い楽
しみながら、何ができるようになるのかということを重視しています。そのた
めに、この教科書は、CEFR と呼ばれる言語能力の尺度の基準に合わせて作成
されているのが特徴です。ちなみに CEFR は、シーイーエフアールと発音し
ますが、日本ではセファールと呼ばれることが多いようです。

　ここで CEFR のことを説明しておきましょう。CEFR というのは Common
European Framework of Reference for Language（ヨーロッパ言語共通参照

54

枠）の略語で、欧州評議会が 2001 年に作成した言語能力の共通の尺度のこと
をいいます。A1・A2・B1・B2・C1・C2 の 6 段階があり、それぞれの段階
で、言語を用いて何がどのようにできるかを Can-do という形で設定していま
す。

　『まるごと』のタイトルにある A1 というのは CEFR の尺度の A1 であるこ
とを示しています。そしてこの内容は、「〜ができる」という形で表現されま
すので、学習後に何ができるようになるのかを具体的にイメージできるので
す。

　また、新しい教育の流れとして最近よく話題に上がるのが、「21 世紀型スキ
ル」というものです。グローバル化や ICT の高度化にともない、だれでも情
報が瞬時に得られ、かつ情報自体がすぐに変化してしまう現代には、新たなス
キルが必要だという考え方から、教育の内容にも変化が求められています。単
に知識を得ることが重要なのではなく、他人とコミュニケーションを取り、コ
ラボレーションをおこなっていく中で新たな価値を創造していく力が必要だと
いうことです。日本語教育でもこのような考え方を反映する教科書が出版され
るようになってきています。たとえば、『協働で学ぶクリティカル・リーディ
ング』はいわゆる読解の教科書ですが、テキストを読み、ただ内容を理解する
という教科書ではありません。自分がテキストの内容についてどう考えるかを
内省し、さらに対話を通して他人の考え方も聞き、最終的には新しい価値観の
創造にもつながる活動を実践する教科書です。タイトルにもあるように、学習
は孤独におこなうものではなく、「協働」を強調しているところにも、新しい
教育観がうかがえます。

　ICT の発展も、日本語教育に影響を及ぼしています。これまで教科書とい
えば紙に印刷されたものというのが常識でした。しかし、数はまだ多くありま
せんが、紙の教科書とインターネットなどを利用したマルチメディア教材を一
緒に用いるものや、教科書自体が電子版となっているものなどが出版されるよ
うになってきています。中級レベルの総合教科書『上級へのとびら —コンテ
ンツとマルチメディアで学ぶ日本語—』（以下『上級へのとびら』）は、印刷さ
れた教科書を使うだけでなく、Web サイトにさまざまな教材がアップされて
いたり、ビデオ教材を閲覧できるようになっていたりと、海外の環境でも日本
の社会や文化の情報を得やすいような工夫がなされています。前述の『まるご

と』も、教科書だけでなく Web サイト上の e ラーニング教材 [1] を使うことができ、情報も充実しています。これからは、ますます教科書自体が電子化されたり、Web サイトにアクセスして使用したりするなどの傾向が進むと考えられます。

3

補助教材の特徴

　1. でも述べたように、教科書を使用するに当たり、補助的な役割を担うものを補助教材と呼びます。教科書や、後述する教具とどのような点で異なるのか、いつもはっきり境界を示すことができるわけではありませんが、教材として用いるものの中で、教科書だけでじゅうぶんに学習できない点を補うために使われるのが補助教材ということになります。

　ではここから、補助教材の特徴をいくつかみていきましょう。

　もっともよく使われるのは、教室内のタスクなどで用いられるプリント教材です。例としては、教科書で示された会話例を、教えている環境に適合したものに変えた例を示したプリントや、動詞の活用を練習するための書きこみプリントなどがあります。またコミュニカティブ・アプローチでは、実際のコミュニケーションに即した活動を授業内でおこなうことを重視するため、たとえば相手に質問をする会話練習をしたい場合には、質問をしなければならない状況を作りだすことが大事です。そのようなときに、質問する側と答える側の持っている情報に差があり、それを埋めるために質問をしあうためのインフォメーションギャップを取りいれたタスクシートが使われます。詳しさの違う地図や、手帳のスケジュールが書かれたプリントなどが用いられます。次の図は、『日本語初級 1　大地　メインテキスト』（以下『大地』）のタスクの例です。本文部分にインフォメーションギャップを用いたタスクがあり、巻末には、異なる情報を入れたペアのもう一方の手帳の絵が掲載されています。お互いに自分の手帳を見ながら、相手の行動を聞くというタスクができます。このようなタスクシートを、補助教材として、教師が別途作ることも可能です。

---

1 「まるごと＋（まるごとプラス）」<https://marugotoweb.jp/ja/>（2019 年 11 月 11 日閲覧）

第4章 教科書の目的と多様性を知ろう

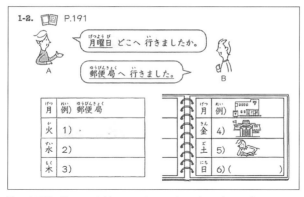

『日本語初級1　大地　メインテキスト』(p. 35)

　新聞記事、番組録画などを授業で使うこともよくありますが、これも補助教材の一例だといえます。実際の記事や番組を教材として使う場合には、1. で説明したように、生教材です。新聞記事や番組だけでなく、レストランで使われている実際のメニューや食品の表示、カタログなどをそのまま教材として使うのは、学習者にとっても現実世界での日本語の使用に結びつきやすく、モチベーションが高まるともいわれています。しかし一方で、教育用に作られたものでないだけに教室で扱いたいこと以外の情報も多く含まれており、かえって学習項目に集中できなくなってしまうこともよく起こりますので、本当に生教材が必要なのかは検討が必要です。なお、新聞記事やほかの書籍の一部をコピーし、語彙リストなどをつけて授業で配布するなどがありますが、この場合は著作権に問題がないかなどをよく検討しなければなりません《➡第10章参照》。

　最近では、Webサイト上のeラーニング教材や、スマートフォンやタブレット端末の日本語学習用アプリが手軽に使用できるようになりました。たとえば、日本文化や日本語を通じて世界との交流を目指す機関である国際交流基金のWebサイトには、さまざまなeラーニング教材が掲載されています。たとえば、「WEB版　エリンが挑戦！　にほんごできます。」は、動画を見ながらエリンという女の子と一緒に日本語が学べるWebサイトです。

『WEB版　エリンが挑戦！　にほんごできます。』

　さらには世界中のユーザーとつながり、ある言語で対話をしたり、Lang-8 のように作文の添削をしあったりすることができるWebサイト[2]もあります。インターネットが使用できればどこでもだれでも使用することができ、たいへん便利な時代ですが、玉石混交であり、じゅうぶん注意しながら使用することが求められます。

　最後に辞書について述べます。辞書はこれまではいわゆる紙の辞書が一般的でした。しかし昨今では、ICTの進歩にともない、紙の辞書の内容が電子辞書の形で販売されていたり、インターネット上で見られたりするような時代になりました。スマートフォンでも、無料の辞書から有料の辞書アプリまで、さまざまなものを使うことができます。また従来の紙の辞書では実現できませんでしたが、語の発音を音声で聞くこともできるようになっています。教育の現場では教室でスマートフォンを使用することには大きい抵抗がある場合もありますが、このような学習を促進する特徴をうまく利用し、学習者にも習熟させるのがよい時代なのかもしれません。

4
教具の特徴

　教具は、日本語の教育場面におけるさまざまな活動をうまく進めるために用いる道具のことを指します。具体的には文字や絵などのカード、ロールプレイで使用するロールカード、五十音図、CD・DVD、実物などが挙げられます。

2　「Lang-8」<https://lang-8.com>（2019年11月11日閲覧）

またホワイトボード、黒板やプロジェクターなどの表示ツールも含まれます。

　日本語教育では、特に初級段階における文字の導入には文字カードが、また基本語彙の導入には絵で内容を表した絵カードが用いられることが多くあります。導入だけでなく、反復練習や代入練習の際にも、練習の際の合図（キュー）として教師が提示することもあります。また写真カードもよく用いられます。下図は、『みんなの日本語初級』に準拠する絵カード（登ります　上ります）の例です。この絵を見て「のぼります」の意味がわかるとともに、のぼる場所が山やタワーでも、同じように「のぼります」を使えるということが理解できるように工夫されています。

『みんなの日本語初級Ⅰ［第2版］
絵教材 CD-ROM ブック』（V108）

　日本語教育に特有な教具としては、五十音図が挙げられます。五十音図は、日本語のかな文字を5種類の母音と10種類の子音に縦横に配列したものです。手軽で使いやすいことや、その後の動詞の活用のルールを理解するのに便利だということもあり、教室では必ず使われる教具の一つです。

　教育のために使うものだけではなく、時計やお金などの実物が教材として使われることがあります。これらはレアリアです。ただし時計やお金などは必ずしも実物が授業で使いやすいとは限らないため、実物に似たものを手作りする、あるいは子ども用のおもちゃを使うこともあります。

子ども用のお金のおもちゃ

教材全般に関わることですが、ICTの進化は大きい影響を与えています。これまで紙の絵カードで示していた内容を、現在ではPowerPointなどで作ったスライドをプロジェクターで示すことが一般的になっており、紙のカードを使うよりも、多くの情報を付加することができます。たとえば、文字についてはただ形を示すだけでなく、実際に書く際の書き順をアニメーションをつけて印象的に表示することもできますし、絵の代わりに動画を使って動詞や表現の意味を提示することもできます。また絵カードは少人数の教室でしか使えませんが、プロジェクターの場合は、大きい教室でも教室のサイズに合うモニターがあれば見やすく表示することも可能です。最近では授業に必要なイラストなどが、教科書付属のCDやWebサイト上のフォルダに収められていることも少なくありません。このように利点も多いのですが、機器のトラブルも少なくありませんので、長所と短所を理解したうえで使いこなすことが重要です。

プロジェクターによる提示

5
日本語教科書から見る日本語教育の歴史

5-1 日本語教育の歴史

本節では、日本語教育の歴史と教科書の関係についてみていきます。言語教

第 4 章　教科書の目的と多様性を知ろう

育はそもそもその時代の世界情勢や国家のあり方と大きく関係しているといわれており、日本語教育もその例外ではありません。日本語教育史とそれに関係する日本語教科書の系譜については、関（1997）と関・平高編著（2015）に詳しく述べられていますので、ここではまとめてその内容を紹介したいと思います。

　まず現代までの日本語教育の歴史は、大きく分けると三つに分けられるといわれています。まずは 1895 年以前、1895 年から 1945 年の敗戦まで、そして 1945 年から現代までであり、まとめると表 2 のようになります。

表 2　日本語教育史

時　代	特　徴	内　容
～1895 年	外国人による日本語学習・日本語教育	17 世紀　ロドリゲス、『日本大文典』出版 1867 年　ホフマン、ライデン大学で日本語教育、『日本語文典』出版
1895 年～ 1945 年	植民地への日本語普及政策・同化政策	1895 年　井沢修二、台湾の芝山巌学堂での日本語教育を開始 1897 年　山口喜一郎、台湾でグアン式教授法による直接法での日本語教育を開始 1911 年　日韓併合により、日本語が朝鮮での「国語教育」となる 1925 年　山口喜一郎、満州での日本語教育開始 1942 年　大東亜共栄圏実現のための日本語教育振興会が発足
	国内	1923 年　長沼直兄、米国大使館日本語教官に就任、後に『標準日本語読本』完成 1935 年　国際学友会発足
1945 年～ 現代	国際交流のための日本語教育	1948 年　長沼直兄、東京日本語学校設立 1959 年　海外技術者研修協会（AOTS）設立 1963 年　国際協力事業団（現 JICA）設立 1972 年　国際交流基金設立 1984 年　文部省「留学生受入れ 10 万人計画」

＊関（1997）を参考に筆者が再構成

　表 2 をみると、本格的に体系的な日本語教育が始まったのは 1895 年の台湾に対する植民地政策の一環であることがわかります。それまではキリシタン宣

第 2 部　日本語教材を分析する

教師による、どちらかというと自分自身で日本語を学び、そのための教材を作成するという流れであったのですが、皮肉にも植民地政策を実施するための必要性が、外国人への本格的な日本語教育を検討することにつながったのです。台湾、朝鮮、満州、そしてフィリピンやビルマなど、南方における日本語教育が企図され、実施されました。しかし当然、現地で使用されている言語を奪い「大東亜」の共通語である日本語を押しつけようとする日本語教育は長く続くわけもなく、敗戦とともに終わりを告げます。1945年の敗戦後は、国際交流のための、あるいは文化や経済交流のための日本語教育が開始され、現在まで続いています。

　このように日本語教育は、世界や社会、そして国家の情勢に大きく影響されながら現在まで進んできており、時代の流れに合わせて変化してきています。

5-2　日本語教育の歴史と日本語教科書

　戦前の台湾における日本語教育で用いられた教科書『台湾適用会話入門』をみると、「コレ　ハ、何　デ　アリマス　カ。」「ソレ　ハ、筆　デ　アリマス。」のように、縦書きで、カタカナと漢字で書かれていることに気がつきます。また表現は現代と違うものの、文型が提示されていることもわかります。

　戦前に長沼直兄が出版した『標準日本語読本』をはじめとして、戦後に設立された東京日本語学校での日本語教育に用いられた『標準日本語読本［再訂版］』など、多くの長沼シリーズの教科書や補助教材が出版されました。1964年に出版された『標準日本語読本［再訂版］』をみると、机や椅子、鉛筆や窓のカーテンなどの絵が添えられており、同じような内容でも台湾での教科書に「筆　デ　アリマス」と記載されていたのとはずいぶん異なる近代的な内容に変化していることがみてとれます。

第4章 教科書の目的と多様性を知ろう

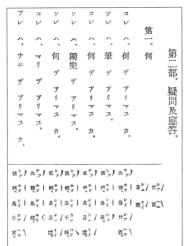

『台湾適用会話入門』(p. 185)

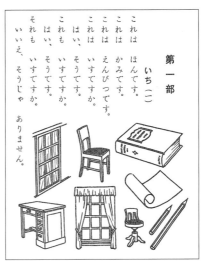

『標準日本語読本 巻一［再訂版］』(p. 1)

　その後1960年代から70年代になると、本格的に留学生や技術研修生の受け入れが始まり、1980年以降には、日本語教科書も多く出版されるようになってきます。この時期は、第3章に詳述したオーディオリンガル・メソッドにもとづき、文型を意識した構造シラバスが多いのが特徴です。『日本語初歩』や『新日本語の基礎　本冊』(以下『新日本語の基礎』)などは、その後も長く日本語教育の現場で用いられてきました《➡第10章参照》。

　1990年には「出入国管理及び難民認定法」が改定され、これをきっかけに就労目的の日系南米人が多く日本に定住するようになりましたし、さまざまな外国人が日本で生活するようになってきました。このことは日本における日本語学習者のニーズ（学ぶ必要性）が多様化したことを意味しており、文型を重視する構造シラバスだけではニーズに対応することが難しくなり、コミュニケーションを重視した場面・機能シラバスを中心に据えた教科書が出版されるようになってきます。

　また世界全体にICTの進化や教育観の変遷が起きており、それに影響を受けた日本語教科書が出版されるようになっています。日本語教師に求められるのは、自分が関わる教育の目的は何なのか、学習者のニーズは何なのかをしっ

かり見極めたうえで、教材の特徴を知り、適合するものを選ぶことだと思われます。そして教科書を初めとした教材が教室でどんな役割を果たすのか、学習者にどんな影響を与えるのか、さらには日本の社会に、そして世界にどうつながるのかまでを思いめぐらすことが大事なのではないでしょうか。

POINT

1 日本語教育の場で用いられる「教材」は、「教科書」、「補助教材」、「教具」に分類される。

2 「教材」の中でも重要な位置をしめる「教科書」は、内容や学習対象者、レベルや扱う技能、中心となるシラバスなど、さまざまな観点から分類ができ、それぞれの特徴がある。

3 「補助教材」は、教科書を使用するに当たり、補助的な役割を担うものである。また「教具」は、教育場面でおこなわれる活動をうまく進めるための道具を指す。

4 日本語教育は、世界や社会、国家の情勢に大きく影響されながら変化してきているが、日本語教科書の内容も同時に変化している。またICTの進化や教育観の変遷とも大きく関わっている。

第 5 章

コースデザインにおける
教科書分析を考えよう

アクティブ・ラーニングのための ▶ ▶ ▶ 　プレタスク

◆あなたがこれまで英語の授業などで使用した教科書は、担当教師がどの
　ように考えて選んだと思いますか。

◆あなたが使った外国語の教科書で、自分に合っている／合っていないと
　思ったのはどんなときですか。思いだしてその内容を記述してみてくだ
　さい。

　日本語は、いったいどこでどのような人に、どのような目的で学ばれている
のでしょうか。日本語の教科書を使用する際には、このようなことを正確に意
識することが出発点となります。本章では、日本語教育の目的を理解し、教科
書を深く理解するための背景をみていきましょう。

1

どのような人々が日本語を学んでいるのか

　文化庁は毎年、日本国内における日本語教育の概要を発表していますが、
2018 年の国内における日本語教育実施機関・施設等数は 2,290、日本語教師数
は 41,606 人、日本語学習者数は 259,711 人です。1990 年と比較すると、日本
語教育実施機関などの数は 2.8 倍に、日本語教師等の数は 5.0 倍に、日本語学
習者数は 4.3 倍にそれぞれ増加しているといいます。これらの人々に対する日
本語教育が進められてきたわけですが、時代によってその目的にも変化が現れ

ます。

> これまで日本語教育の対象として考えられたのは、留学生、就学生など
> のいわゆる「学生」が主であった。　　　　　　　　（佐々木 2007, p. 9）

　ここに述べられているように、従来日本語教育の主な対象は留学生であった
のが、最近ではグローバル化や日本社会の少子高齢化などの影響を受け、大き
い変化が起こっています。なお、上記の「就学生」というのは在留資格の一つ
で、大学・短大以外の日本語学校などに通う外国人学生を指しましたが、2010
年に「就学」と「留学」の在留資格が一本化されたため、外国人学生はすべて
「留学生」となっています。さまざまなタイプの外国人が日本に中・長期の定
住をするようになったり、就労をするようになったりし、さらに世界でも多様
な目的で日本語が学ばれるようになったことから、日本語教育における学習者
の多様化がいわれるようになりました。

　留学生の受け入れに関しては、1986 年に当時の中曽根内閣が「留学生受入
れ 10 万人計画」を推し進め、その後留学生数が大きく増加していったという
経緯もあります。また 1990 年の「出入国管理及び難民認定法」の改定以降
は、工場などでの就労を目的とした南米日系人が多く来日し、定住をするよう
になったといわれています。最近では日本の少子高齢化にともなう人手不足を
背景として、技能実習制度にもとづいて日本で開発された技術や知識を発展途
上国に移転することを目的に受け入れる技能実習生や、EPA（経済連携協定）
による外国人看護師・介護福祉士候補者の受け入れ、さらに「国家戦略特区」
で 2016 年から開始した家事支援に従事する外国人の受け入れなども始まりま
した。多様な目的を持った外国人が日本に居住するようになっており、それに
ともない、日本語学習の目的も多様になってきています。

　海外の日本語学習者の変化はどうでしょうか。国際交流基金によると、最新
の 2018 年調査の速報値では、現在、142 の国や地域で日本語教育がおこなわ
れていることが明らかになっています。内訳は 18,604 機関で、学習者数は
3,846,773 人と、前回比で約 19 万人増加していることがわかりました。また日
本語教師数は 77,128 人で、過去最高だった前回調査を上回る結果になってい
ます。日本語学習者数が多いのは中国・インドネシア・韓国の 3 ヵ国で、世界

的にみて東アジアと東南アジアが圧倒的に多いという特徴があります。

2

日本語を学ぶ人々のニーズ ―国内と海外との違い―

1. で述べてきた日本語学習者の日本語学習の目的は何でしょうか。

まず国内の日本語学習者は、どのような目的で来日しているかに大きく関係しています。留学生の場合は、日本で生活するために基本的な日本語に加え、日本の大学などで単位を取得するために講義を聴き、課題を提出し、最終的には卒業論文を書くために必要な日本語、すなわちアカデミック・ジャパニーズと呼ばれるような日本語が必要になります。日本の会社で働くという場合には、会社での業務に必要ないわゆるビジネス日本語を学ぶことが目的となるでしょう。日本で定住をしている外国人の場合には、生活のための日本語が中心となりますし、親が外国人であったり外国で育ったりした子ども（「外国につながる子ども」と呼ぶことがあります）に必要な日本語としては、基礎的な日本語以外に、子どもの知的な発達を支える学習のための日本語が挙げられます。さらに新しいニーズとして、EPA にもとづきインドネシア、フィリピン、ベトナムなどから受け入れる EPA 外国人看護師・介護福祉士候補者に対する日本語教育が特筆すべきことでしょう。基礎的な日本語だけでなく、派遣先の病院や高齢者施設で必要な日本語、さらには国家試験合格を目指すための日本語の教育もニーズに含まれています。

上記のような日本語学習者の場合は、基礎的な日本語を学んだうえで、それぞれの目的に適合した専門日本語教育を受けることになります。

一方、海外の日本語学習者のニーズはどうでしょうか。海外の日本語学習者が何を目的として学んでいるかについては、国際交流基金の 2018 年調査によると、「マンガ・アニメ・J-POP・ファッション等への興味」が 66.1 ％でもっとも多く、「日本語そのものへの興味」が 61.3 ％、「歴史・文学・芸術等への関心」が 52.4 ％と続きます。「日本への留学」（46.7 ％）や「将来の仕事や就職」（41.1 ％）などを引き離しています。

これらの結果からは、日本国内での日本語学習の目的は、来日や日本在留の目的に大きく関係し、それに必要な日本語学習がニーズとして挙げられること

が想像されるのに対し、海外での日本語学習は、実利的な目的よりも日本のマンガやアニメ人気を背景とした日本や日本語への興味にニーズがあることがうかがえます。

3
コースデザインと教科書分析

　ここまでは日本語学習者がどのような人々か、そして日本語学習の目的とニーズということをみてきました。では実際に日本語の授業を新しく始めることになったら、何をすべきなのでしょうか。

　最初にすることは、日本語を教えるためのコースデザインです。まずコースとは何かということを確認しましょう。コースというのは、たとえば1学期の期間に複数回おこなわれる「日本語初級1」という「科目」のこと、あるいはいくつかの科目が含まれる総体のことを指します。そしてコースデザインというのは、コース全体の内容を設計することです。つまりそのコースがだれに対し何の目的で、どこでどのようにおこなわれるのかを設計することです。一つのコースをデザインするために、一連のプロセスがあります。図1のように、ニーズなどの調査・分析の段階、この結果を用いた計画の段階、授業の実施の段階、そして評価をおこない計画の見直しをおこなう段階に分けられます。

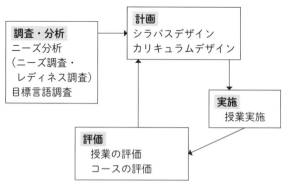

図1　コースデザインのプロセス

第5章 コースデザインにおける教科書分析を考えよう

4 ⋯⋯⋯⋯⋯⋯⋯⋯⋯⋯⋯⋯⋯⋯⋯⋯⋯⋯⋯⋯⋯⋯⋯⋯⋯⋯⋯⋯⋯⋯⋯⋯
調査・分析の段階

4-1　ニーズ分析

　まず調査・分析の段階では、ニーズ調査、レディネス調査をおこない、その結果を用いてニーズ分析をおこないます。コースデザインでもっとも重要なのはコースの目的が何なのかを確定すること、つまり目標地点を定めることですが、そのためにはそのコースの日本語学習者のニーズを分析することから始めなければなりません。日本語学習者がどのような場面で、何のために、どのような日本語を必要としているかについての情報を、アンケートやインタビューなどを通じて得ます。場合によっては、その日本語学習者を受け入れる側に対しても、インタビューなどをおこなうことがあります。たとえば、ある会社が受け入れた外国人社員に対して日本語教育をおこなうことになった場合、その日本語学習者だけを調査するのではなく、会社の業務はどのようなもので、どのような日本語が求められているかを調査する必要があるからです。これらをニーズ調査といいます。

　並行して、日本語学習者のレディネス調査がおこなわれます。レディネス（readiness）というのは、日本語学習者の日本語学習に関する準備状況を指します。具体的には、すでに日本語を学んだことがあればその日本語能力、そのほかの言語の学習経験や能力、学習に当てられる時間や学習に用いることができる機材などについての学習環境、これまでの異文化接触経験などが含まれます。これらは言語テストや、インタビューやアンケート調査などの情報から判断がされます。

　これらの調査結果をもとに、ニーズ分析がおこなわれます。ニーズ分析では、目標言語、つまり日本語教育の場合には必要となる日本語が使われる場面や目的、言語的なスキルとそのレベルなどを、調査結果を総合的に分析して抽出します。たとえば、日本の会社で働くというニーズの中で、営業として取引先との交渉をするのか、それとも海外支社との通訳や翻訳業務が中心なのか、その会社で働く外国人社員の支援業務なのか、などを見極める必要がありますし、さらにはこの日本語学習者の日本語技能と業務内容との関係も分析しなければなりません。このようにして、この日本語学習者がこれから学ぼうとして

69

いる目的を定めます。最近では、目的を定めるだけでなく、そのための評価法を最初に設定し、そこから具体的な教授項目を考えるというバックワード・デザイン（Wiggins & McTighe 2006）という考え方が提唱されはじめています。

4-2　目標言語調査

　日本語学習者の学ぼうとしている日本語が定まったところでおこなわれるのは、目標言語調査です。これは目標とする言語がどのようなものであるかを具体的にとらえるための調査です。たとえば先に挙げた日本の会社で営業職として働くための日本語が必要だということが明らかになったら、実際の現場に滞在し、そこでおこなわれるコミュニケーションを観察したり記録したりします。話しことばだけでなく、現場で用いられている書類やメールなども含まれます。現場で働く上司や社員へのインタビューなどが必要となることもあります。収集したこれらのデータを分析し、必要な語彙や文型、コミュニケーション上の機能などを抽出していきます。

　ただし通常は、ここまで厳密な目標言語調査をおこなうことは少ないのが実状です。もちろん、これまでに日本語教育で扱ったことがないような言語使用場面での指導をしなければならない場合には、この調査が必要となります。たとえば前述したEPA看護師・介護福祉士候補者の受け入れが始まったときには、実際の看護や介護の現場でどのような日本語のコミュニケーションがおこなわれるのか、さまざまな角度からの調査が必要となりました。

　実際には、次に述べる計画の段階でおこなわれるシラバスデザインの中で、具体的に教科書や教授法が選定されたり、必要に応じて開発がおこなわれたりします。

5

計画の段階

5-1　シラバスデザイン

　調査・分析の段階で目標とする日本語がはっきりしてくるので、次の段階ではシラバスデザインをおこないます。

　シラバス（Syllabus）ということばには二つの意味があります。一般的には

第 5 章　コースデザインにおける教科書分析を考えよう

リスト化された学習項目のことを指し、コースの目的や履修条件、教材や内容のスケジュールなどが書かれた文書を指します。外国語教育においては、目標言語をある観点で整理して作られた、いくつか代表的なシラバスを指すことがあります。表 1 に示します。

表 1　代表的な日本語教育のシラバス

シラバス名	観点	特徴
構造シラバス （文型シラバス・ 文法シラバス）	目標言語が、学習すべき文法項目や文型という観点で整理される。具体的には、「わたしはスミスです。」「これは本です。」などのような文型が並ぶことが多い。	単純なものから複雑なものへ、易しいものから難しいものへ、などのような積みあげ式になっている。
場面シラバス	目標言語が、使用される場面という観点で整理される。具体的にはレストラン、郵便局、銀行などのような場面が含まれる。	レストランという場面で必要になる語彙や表現などが含まれる。必ずしも、文型が積みあげていくように配列されるとは限らない。
機能シラバス	目標言語が持つ機能という観点で整理される。具体的には「依頼する」「誘う」などの言語の機能から構成される。	「依頼する」という機能の中に、「〜てください」「〜ていただけませんか」などさまざまな表現が含まれる。
技能シラバス	言語技能の観点から整理される。「聞く」・「話す」・「読む」・「書く」の四技能から構成される。	「読む」の中には、単語を読む、一文を読む、メニューを読む、新聞を読むなど、さまざまなものが含まれる。
話題シラバス	話題という観点から整理される。たとえば「家族」「教育」「環境問題」などさまざまな話題が含まれる。	日本語学習者に身近な話題から始め、しだいに社会性のある話題が取りあげられる。
Can-do シラバス	目標言語を使って、何ができるようになるかという観点で整理される。たとえば「友達を誘うことができる」「好きな食べ物について話すことができる」のような事項が並ぶ。	コミュニケーション行動が重視され、特定の場面である行動ができるようになるために必要な語彙や文型を提示する。

実際の日本語学習の場では、必要とされる項目は多岐にわたり、表 1 のよう

な単一のシラバスでカバーできることはないので、これらを組み合わせた複合シラバスが採用されることがほとんどです。

　そしてこの段階で、ニーズ分析から得られた目的に適合した教科書を選定していくことが多くなります。なお、教科書がどのようなものかという詳細は、前の第4章で触れました。

　これらを参照し、コースで採用しようとするシラバスと合致する教科書を選ぶことになります。そして、コースの内容をもっと具体的に決めていくのがカリキュラムデザインです。なお、教科書や教材の選定のためには教材の分析が必要となります。これについては、これから後の章で説明します。

　次に、代表的な日本語教育のシラバスの目次の例を図2に示します。これはあくまでもイメージですので、実際には初級学習者向けに表記が工夫してあったり、具体的な表現が示されていたりしますが、目次を見ると、だいたいその教科書がどのシラバスにもとづいているかがわかります。

【構造シラバスの例】	【場面シラバスの例】
1　わたしは スミスです	1　ホテルに 泊まる
2　これは 本です	2　レストランで 注文する
3　ここは 教室です	3　デパートで 買い物する
4　わたしは 京都へ 行きます	4　駅で 切符を 買う
5　わたしは お茶を 飲みます	5　バスに 乗る
6　富士山は 有名です	6　薬局で 薬を 買う
7　……	7　……

【機能シラバスの例】	【技能シラバスの例】　書く
1　自己紹介をする	1　申込書
2　質問をする	2　ショートメッセージ
3　依頼をする	3　メール
4　誘う	4　コメントシート
5　断る	5　レポート
6　謝る	6　論文
7　……	7　……

図2　代表的な日本語教育のシラバスの目次例

5-2 カリキュラムデザイン

　シラバスデザインが「何を教えるか」の内容を計画することだったのに対して、カリキュラムデザインは「いつ・どのように教えるか」を中心に検討し計画することを指します。シラバスデザインで確定したコースの目的や細分化した到達目標を定めたうえで、それらの具体的な学習項目について、いつまでにどのような方法で教えるかを計画することをカリキュラムデザインと呼びます。具体的には、何ヵ月間、何曜日の何時から何時まで、何回にわたって授業をおこなうかや、定めた目的を実現する教科書を使用することになった場合は、何課を何月何日におこなうかなどの細かいスケジュールを決めます。ここには、だれが教授者なのか、どのような教授法を用いるのかなどについても含まれます。

5-3 教科書分析

　日本語教育におけるコースの場合、ニーズ分析や目標言語調査の結果、新たなシラバスデザインがおこなわれ、適合した教材や教授法が開発されることはそれほど多くなく、実際には前節で述べたように、市販されている教科書を選定し、使用することが多くなります。しかし気をつけなければならないのは、使用する教科書が先にあって、それを使うという前提でシラバスデザインやカリキュラムデザインがおこなわれるのではなく、あくまでも、コースの目的やニーズに適合した教材を探した結果としての教科書選定がおこなわれるということです。そのためには、教科書をきちんと分析することが重要です。

　教科書分析の方法については第 6 章で詳しく述べますが、基本的には、教科書を学習目的、日本語のレベル、対象者、学習時期、学習項目の量と配列、全体構成や課の構成、練習問題の形式や内容、シラバス、教授法、自習が可能か教師の使用が前提か、使用言語、付属教材、価格・体裁・イラストなどの視点で分析します。

6

実施・評価の段階

　シラバスデザインとカリキュラムデザインが終了して、ようやくコースを実

際に実施する段階となります。本書のテーマは教授法そのものではありませんので、教科書と関連する部分に焦点を当てて述べていくことにします。

　前節でコースが開始する前の準備段階では、日本語学習者のニーズ調査やレディネス調査がおこなわれると述べましたが、日本語教育機関ではレディネス調査の一つとしてプレイスメント（placement）テストがおこなわれることが普通です。いわゆるレベル分けです。この結果や、さらに日本語学習者の母語や、日常的に漢字を使用している地域出身かそうでないか（漢字圏出身者か非漢字圏出身者か）にもとづきクラス分けがされることもあり、同じクラスには同じ教科書が選定されます。一般の日本語を扱うコースであれば総合教科書が選定され、目的に応じて、技能別の教科書や補助教材が用いられることがあります。

　コースの中で実際に教師が授業をしていると、使用している教科書がクラスに合わないと感じることがよく起きます。また日本語学習者の理解度に差があるとか、全体的に進み方がカリキュラムどおりにならないとか、何かしらの問題が必ずといっていいほど生じます。これらは評価とも大きく関わりますが、コース途中での形成的評価（教育活動の途中で、目的を達成しつつあるかを評価すること）としての到達度テストなどの結果を見ながら、改善点を探っていきます。

　コースの途中で教科書を変えるということは、基本的にはおこないません。ただし、学習者に対するテストや学習者からのフィードバックなどの結果を合わせて検討し、計画の段階に戻り見直しをするということはよくあります。その際に学習項目やカリキュラムを変更することはあります。

　前節で外国語教育における代表的なシラバスを示しましたが、シラバスの作成時期という観点で分類する場合には、先行シラバス、後行シラバス、可変シラバスと三つに分けることがあります。先行シラバスはコース開始前にシラバスが確定している場合、後行シラバスは学習者の要望にそって授業を進めた結果としてコース終了時にシラバスが完成する場合、そして可変シラバスは先にシラバスをあまり固く作らず、修正しながら進む場合を指します《➡コラム「先行シラバス」「後行シラバス」って何？」参照》。コースの実施に問題が起きた際には、シラバスをコース途中で変更することは可能ですが、コースの目的に立ち返り、さまざまなことを検討したうえで慎重におこなう必要があります。

7

コースと教科書のマッチング

一つのコースに一つの教科書を選定して使用することはよくありますが、この教科書はこのクラスにぴったりだということは稀です。なぜそのようなことが起こるのでしょうか。

それはどんなにプレイスメントの結果で学習者の条件をそろえたとしても、クラスの日本語学習者のレベルや背景が均質であることはあり得ないからです。岡崎（2004）では多様性を「コース開始以前の多様性のあり方」、「コース開始以後の多様性のあり方」と、二つの観点から整理しています。前者には日本語学習の目的やレディネス、既習レベルが含まれ、後者にはクラス内のニーズ、クラス内の学習者の能力や学習スタイル、媒介言語や異文化の問題などが含まれています。

たとえば大学における日本語プログラムや、日本語学校における進学を目的とした日本語プログラムであれば、入学してくる日本語学習者の年齢や経歴、場合によっては国籍や言語が共通であることもあり、「コース開始以前の多様性」はかなり均質にそろえられているともいえます。しかしコースが開始すると、少しずつ日本語学習者の理解のスピードや、学習において正確さを重視するのか、それとも細かいところにこだわらずに前に進むことができるのか、情報を文字から獲得することが得意なのか音声からのほうが得やすいのかなど、学習スタイルの違いが大きくなり、一つの教科書を使用することの困難が生じることは頻繁に起こることです。

そのようなことが起こった場合には、まずコースの目的に立ち返り、日本語学習者が何を習得するためにこの教科書を使用しているのかを再検討する必要があります。そのうえで、教科書の内容を部分的に学習者の多様性に合わせながら調整していくことは可能です。第3章で「教科書を教える」のか「教科書で教える」のかについて検討しました。教科書から完全に離れて授業をするのは意味がありませんが、教科書の内容をただ朗読し、学習者に暗記させてもまったく意味がありません。教科書の作成者は教科書を開発するに当たり、一つの事項にもかなりの検討を加えていますから、作成者の意図をじゅうぶんに理解しようとしなければなりません。教師は教科書の作成者との対話をしつ

第 2 部　日本語教材を分析する

つ、日本語学習者にも単に教科書に記載されている事項をそのまま教えていくのではなく、教科書を使って学習目的を達成するために何が必要なのかを、日本語学習者を観察しながらじゅうぶんに考えていくことが必要なのです。

POINT

1　日本語学習者は多様で、日本語学習のニーズも異なる。

2　実際に日本語を教えることになったときには「コースデザイン」が必要になり、コースデザインは、「調査・分析」「計画」「実施」「評価」の段階に分かれる。

3　コースに適合した教科書を選ぶ際には、コースの目的と教科書の内容とをじゅうぶんに検討し、考えていく必要がある。

COLUMN
「先行シラバス」「後行シラバス」って何？

　第5章で「シラバス」には、教えることのリスト、という意味があると説明しましたが、外国語教育では、これとは別の意味を持った「先行シラバス」「後行シラバス」という用語が使われることがあります。

　これは、シラバスの作成時期を示した概念です。一般的なシラバスは、学習が始まる以前に完成していなければなりませんが、これを「先行シラバス」と呼びます。それに対して、学習が終了した時点で完成するシラバスを「後行シラバス」と呼ぶのです。

　つまり、後行シラバスの授業では、コース開始前に、教師が教えることを決めてしまうのではなく、学習者のリクエストによって、毎月・毎週、あるいはレッスンごとに学ぶことを決めていくのです。

　このようなシラバスの決め方がおこなわれる背景には、外国語の学習では、しばしばプライベートレッスン、つまり学習者とネイティブ教師の1対1での学習という形式がおこなわれる、ということがあります。

　以前から、ビジネスマンが海外の赴任地で業務の合間にプライベートレッスンを受けることがよくおこなわれていました。また、最近では、インターネットを使った音声チャットによるプライベートレッスンが盛んにおこなわれています。そのようなレッスンは、多くは学習者が「これについて話ができるようになりたい」とリクエストして始まります。また、日本語教育では、地域の日本語支援教室でも1対1のレッスンがよくみられます（この場合は、学習者が希望すれば、教科書を使うこともあります）。

　このような後行シラバスで授業をおこなう場合、当然のことながら、事前に学習事項とその順番が決まっている教科書を使うことはできません。教科書を使わず、教師と学習者の「対話」によって授業の内容が決まっていくのが、後行シラバスの特徴ということになります。

　後行シラバスの利点は、個々の学習者が、そのとき必要としていることを、すぐに学べるところにあります。しかし、体系的・総合的な言語知識を身につけることが難しいことが欠点だとされています。

第6章

どのように教科書分析をおこなうのか考えよう

アクティブ・ラーニングのための ▶ ▶ ▶ プレタスク

◆あなたは、これまで新しい言語を勉強しようとして教材を選んだことがありますか。どんな教材ですか。その際、どんなことを重視しましたか。

◆あなたが、留学先や外国人の知りあいから日本語を教えてほしいといわれ、適当な日本語の教材を探してみることにしました。どのように探しますか。そして、選ぶ際に何を決め手としますか。

コースデザインでは、新たな教材や教授法の開発をする場合もありますが、通常は市販や公開がされている教材の中からコースの目的に適合するものを選ぶことになります。ここで必要となるのが、「教材分析」という作業です。「教材分析」は実質刊行されている教科書の分析をおこなうことがほとんどですので、ここからは「教科書分析」と呼ぶことにします。では詳しくみていきましょう。

1

コースデザインのプロセスと教科書分析

1-1　コースデザインのプロセス

コースデザインのプロセスを第5章で示しましたが、その図に「教科書分析」の作業を加えると図1のようになります。

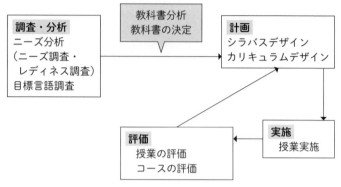

図1　コースデザインと教科書分析

　現在、日本語教科書というのは、市販されているものはもちろん、インターネットなどで無料か有料かを問わず公開されているものも含めると、きわめて多くのものが存在しています。

　日本語教材や教科書を広く扱う「凡人社」という出版社があります。凡人社は国内外で出版されている教材のリスト(『日本語教材リスト』)を刊行しており、Webサイト上でも公開しています。また、このWebサイトでは教材の検索もできます。これを見ますと、国内外の出版社200社以上が刊行する4,000点以上の教材を掲載しているとあります(2019年6月現在)。もちろん、ここに掲載されているのは市販されているものだけですし、海外のものについてはすべてが掲載されているわけではないと思われますので、実数はもっと多くなるでしょう。

　このような多くの教材の中から、コースにふさわしい教科書を選定するのは、決して簡単なことではありません。視点を決めて教材を分析し、コースの目的を実現するのにもっとも効果的な教材を選ぶという作業をおこないます。日本語教育機関のコースでは、たとえば「日本語能力試験N2対策クラス」のように、あらかじめコースの目的を標榜し、それに合う日本語学習者を集めることがよくあります。そのような場合には、最初から使用する教科書が決まっていて、それをもとにコースデザインをおこなうということもあります。しかし、日本語レベルや学習の目的などが同質だと想定していた学習者が、実はそうではなかったということもありますし、時代の変化によってさまざまな条件

が変化してきているということもあります。岡崎（2004）は、学習者が多様化
している現代では教科書をコースデザインに代えるという使い方はもはやでき
ないと述べていますが、教科書があってのコースではなく、コースに適合する
ものを選定すべきであること、さらには教科書の不十分さを意識することも重
要でしょう。ですから厳密には、コースデザイン1回ごとに慎重にニーズ分析
をおこない、教科書分析もおこなうことが理想だといえます。

1-2　教科書分析の方法

　実際の日本語教科書を分析するためには、視点を決めて、それをもとに記述
して分析していく方法がとられます。分析の視点については、前述の岡崎
（2004）や、関・平高編著（2015）などで論じられていますが、本書では吉岡
編著（2008）に従い、以下の13の視点を用いた分析について検討していくこ
とにします。

(1) レベル：日本語のレベル分け。基本は初級、中級、上級だが最近ではその
　　　ほかに、初中級や中上級、超級という表現もあり、またCEFR基準
　　　に従い、A1、B1などの表現を使っている教科書もある。
(2) 対象者：一般成人、留学生、ビジネスパーソン、年少者、技能実習生など
　　　のほかに、EPA看護師・介護福祉士候補者やIT技術者など特定の職
　　　業に従事する日本語学習者などが含まれる。
(3) 学習時間：その教科書を学習し終えるために必要な時間。N5からN1ま
　　　でのレベルに分けられている現在の日本語能力試験が開始されたのは
　　　2010年からだが、それ以前の旧日本語能力試験の認定基準には標準
　　　の日本語学習時間が書かれており、初級、中級、上級とそれぞれ必要
　　　時間を300時間としていたため、現在も300時間を目安にされること
　　　が多い。ただし学習時間だけを基準にすることはあまり意味がないと
　　　思われる。
(4) 学習目的：何のために学ぶかという学習の目的。たとえば大学や専門学校
　　　への進学、大学などでの学習や研究に必要な日本語の習得、学校での
　　　教科学習に必要な日本語の習得、専門的な職業に必要な日本語の習
　　　得、地域での生活者としての活動に必要な日本語の習得など。

第 2 部　日本語教材を分析する

(5) 学習項目の量と配列：語彙や文型、表現などの学習項目がどのくらい、どのように配列されているか。

(6) 全体構成や課の構成：全体がどのような内容で、何課から構成されているか。また一課の中はどのような構成になっているか。語彙リストなどの有無。(3) の学習時間との兼ねあいも重要になる。

(7) 練習問題の形式や内容：練習問題の有無や内容。いわゆる代入練習などから、会話練習など、どのような練習があるのか。

(8) シラバス：構造シラバスや場面シラバスなど、外国語教育におけるシラバスは何が採用されているか。最近の教科書は複合シラバスであることが多いが、中心となっているシラバスは何か。

(9) 教授法：教科書を進めるのに想定されている教授法。代表的な外国語の教授法として挙げられる「文法翻訳法」や、日本語教育でおこなわれてきた「直接法」、「オーディオリンガル・アプローチ」や「コミュニカティブ・アプローチ」など。

(10) 自習が可能か、日本語教師による指導が前提か：自習が可能か、あるいは教師が教えることが前提となって作成されているか。

(11) 使用言語：教材の中で、日本語以外にどのような言語が用いられているか。解説部分は英語や中国語、韓国語などのほかの言語が用いられていることもあるし、語彙リストのみ、他言語で掲載されていることもある。

(12) 付属教材：別冊で付属の文法解説や問題集などがあるか。付属 CD や DVD などがある場合もある。また最近では Web 上に情報や e ラーニングなどが準備されていることもある。

(13) 価格・体裁・イラストなど：価格は学習者にとって適当な価格か。または内容と価格が適合しているか。教材の大きさや重さはどうかも、使用者にとって重要な要素。またカラーページの有無や、イラストの有無も理解促進のために重要となることがある。

　上記の視点を取りいれて、実際に分析に用いることができるテンプレートを章末に提示しました。ある程度、対象となる教科書を絞ったうえで、いくつかの教科書を分析し、比較してみると、特徴を理解しやすくなります。

第 6 章 どのように教科書分析をおこなうのか考えよう

2

まず、教科書の全体像をつかむ

では具体的に教科書分析をする場合、何から始めたらよいのでしょうか。教科書分析用テンプレート（p. 95）の欄を、ただ埋めていけばよいというものではありません。まずタイトルや著者などを確認した後は、全体像をつかむところから始めます。

2-1 「まえがき」の部分から全体像を把握する

全体像をつかむために一番手っ取り早いのは、「まえがき」に当たる部分をみることです。「はじめに」や「本書をお使いになる方へ」、「本書の構成」や「各課の構成」など表現はさまざまですが、だいたいその教科書の大きい目的や対象者、学ぶための所要時間の目安、練習のしかた、付属教材の情報などが書かれています。また「学習者のみなさまへ」のようなページが別に用意されていることもあり、その教科書を使っての学習のしかたなどが説明されていることもあります。そして、「目次」もまた、全体像をつかむのに重要な部分です。ここをみると、全体で何課あるのか、どんな内容なのか、何シラバスが中心となっているのかなどがわかります。

例をみてみましょう。代表的な初級教科書の『みんなの日本語初級』では「まえがき」に「本書は、『みんなの日本語』という書名が示すように、初めて日本語を学ぶ人が、だれでも楽しく学べるよう、また教える人にとっても興味深く教えられるよう……」と書かれており、やや漠然としたものではあるものの、この教科書の開発理念がうかがえます。また同じく初級教科書の一つである『NEJ』には、まず「はじめに」があり、ここで「日本語習得の主役は学習者であるというのが本書の考え方です。」から始まり「……従来の教科書のように文型・文法事項を中心とした教科書ではなく、テーマ（何かについて話すこと）を中心に編まれた教科書です。」とこの教科書の理念と他書との違いが述べられます。もう一つ初級教科書をみてみましょう。『できる日本語』では「本書をお使いになる方へ」に「「できる日本語」シリーズは、「自分のこと／自分の考えを伝える力」「伝え合う・語り合う日本語力」を身につけることを目的にした教科書です。……」とあり、コミュニケーションを重視している教

83

科書であることがわかります。

2-2 「目次」から全体像を把握する

　次に目次を見てみましょう。目次には、具体的にどのような内容がどのように配列されているのかが示されています。上記の3種類の教科書の目次を比べると、表1のようになります。

表1　初級教科書の目次の一部

	『みんなの日本語』	『NEJ』	『できる日本語』
1課	文型：わたしは　マイク・ミラーです。など 会話：初めまして	自己紹介 　語彙：名前、出身など 　文型：〜は、〜です	はじめまして 　自分の名前や国のことを話す、聞くことができる
2課	文型：これは　辞書です。など 会話：これから　お世話に　なります	家族の紹介 　語彙：家族、仕事など 　文型：〜は、〜です、人の数え方など	買い物・食事 　買い物をしたり料理の注文をしたりすることができる
3課	文型：ここは　食堂です。など 会話：これを　ください	好きな物・好きなこと 　語彙：食べ物など 　文型：〜は、〜が好きです	スケジュール 　予定を聞いたり身近なことを話したりすることができる
4課	文型:今　4時5分です。など 会話：そちらは　何時までですか	わたしの一日 　語彙：日常生活など 　文型：動詞文（〜ます）	私の国・町 　出身地について紹介することができる
5課	文型：わたしは　京都へ　行きます。など 会話：この　電車は　甲子園へ　行きますか	金曜日の夜 　語彙：料理、外食など 　文型：動詞文（〜ました）、形容詞	休みの日 　休みの日の出来事やスケジュールについて話すことができる

　まず全体をみてみると、どの教科書も自己紹介から始まっていることがわかります。目次で示す内容にもそれぞれ教科書によって違いがありますが、基本的には自己紹介をするのに必要な「〜は、〜です」といった文型と語彙が扱われています。その後、5課までに基本的な数字や動詞が導入されることについては3種の教科書で共通なのですが、それぞれの教科書の基本理念によって、

第6章　どのように教科書分析をおこなうのか考えよう

どのように導入されるのか、どのような内容なのかについてはかなり異なっています。

　では、具体例で検討しましょう。『みんなの日本語初級』では、第3課に、文型として「ここは　食堂です。」と「エレベーターは　あそこです。」が示され、同じページに示されている例文の中には、「この　時計は　いくらですか。」「18,600円です。」という短いやりとりが紹介されています。そして会話では、デパートを想定した会話で、案内係の人に売り場を聞く内容と、実際にワインを見せてもらい、質問したうえで「じゃ、これを　ください。」という内容が掲載されています。この課での中心となる文型としてまずは名詞文の「ここは〜です」が提示されていますが、食堂やデパートなどの語との関連から、場所や値段を表現するのに使う数字や買い物の会話に展開されていることがわかります。この教科書はいわゆる典型的な構造シラバスの教科書ですが、会話として買い物の会話が採用され、実際の場面でのコミュニケーションも重視されていることがうかがえます。では次に、『NEJ』ではどうなっているでしょうか。この教科書でも第5課までに、基本数字や場所の名前、そして食べ物の注文などが出てきます。ちなみに買い物の場面は第6課に出てきます。ただし『NEJ』の目的は自分のことが話せるようになる「自己表現活動」であるため、料理の注文も「マレーシアの焼きそばと、マレーシアの焼き鳥などを注文しました。」という自分の行動の描写の形で表されており、具体的な注文のしかたの会話例が示されるわけではありません。一方『できる日本語』は、日本語によるコミュニケーションの中でも「対話力」を重視するとあり、第2課「買い物・食事」の中で、基本数字をはじめ、ショッピングビルに関する語彙表現に買い物の会話、レストランに関する語彙表現に注文の会話が扱われています。「すみません、これは何の料理ですか。」「それは豚肉の料理です。」「ぶたにく？「ぶたにく」は英語で何ですか。」「「pork」です。」というやりとりも紹介されており、来日したばかりの日本語学習者にとって必要そうな会話が第2課に採用されているのは、特筆すべきことかもしれません。

　このように、同じような内容が並んでいるようにみえる初級教科書であっても、実は開発理念が異なっているということに気づきます。実際の教科書を選定する際には、目次をさっと読んだだけではわからないこれらのことを、注意深くみていく必要があるのです。

3

各課の構成と内容の分析

　次に、一課の中がどのような構成になっているのかを分析していきましょう。これは教科書によって、かなり異なっており、教科書の個性が表れるところかもしれません。

　『みんなの日本語初級』の各課は、「文型」、「例文」、「会話」、「練習A」、「練習B」、「練習C」、そして「問題」から成っています。「文型」にその課の基本文型が示され、「例文」ではその文型が短い談話の中でどのように使用されているかが示されています。「会話」では一まとまりの会話が挿絵つきで提示されています。これは付属のCDでも内容を聞くことができます。「練習A」は練習となっていますが、練習というより、動詞の活用形が表の形で表されていたり、文型の構造が視覚的に理解できるように表されていたりする部分です。次の「練習B」からはいわゆる本当の練習問題になっていて、イラストを見ながら単純な代入練習をするものから、もっと複雑な文型に変えていく転換練習や、文型を完成させる完成練習などをするものへと並んでいることがわかります。そして「練習C」は短い対話の練習をして、最後の「問題」にはCDを聴きながら書き取りをしたり該当するものを選択したりするような練習、あるいは助詞を書き入れる練習、自分の文を作る練習など多くの分量が含まれています。ただし、教科書の初めの部分に示されている「効果的な使い方」によると、文型から例文へとこのままの順序で使用するのではなく、まず教科書の本冊とは別に出版されている「翻訳・文法解説」の新出語彙を覚えたうえで、文型の練習をするとあります。この部分は教師の導入によるものと思われます。その後、「練習A」「練習B」「練習C」と進み、まとめとして「文型」「例文」を見て、「会話」に進み、総仕上げとして「問題」をおこなうと流れが説明されています。これを見ると、「文型」や「例文」はその課で扱う内容をまとめるという役割をしていることがわかります。

　『NEJ』でも、最初のページにテーマやその課の中心となる文法項目や表現、発音項目が示されています。そしてこの教科書で呼ぶところの「マスターテクスト」、つまり3人の登場人物が自分のことを語る本文があり、その内容確認のための「Questions & Answers」が続きます。さらにテーマについての語彙

表現「Useful Expressions」、文法の説明「The Gist of Japanese Grammar」、そしてその課の最終目標である「Essay Writing」、発音練習「Pronunciation Practice」と復習「Review」などから構成されています。

　『できる日本語』は、上記の2種の教科書と比べても、一課の中の構成はかなり独特な形がとられています。まず各課の最初のページには「話してみよう」「聞いてみよう」という二つの項目がありますが、「話してみよう」にはテーマと関連がある4枚のイラストが提示されているだけ、「聞いてみよう」には付属のCDの番号が書かれているだけです。各課は三つのスモールトピックから成り、スモールトピックの最初のページを開くと、「チャレンジ！」という見出しとともに見開きに大きいイラストが一つ示されています。またページのイラストの部分には「〜することができる。」といういわゆるCan-doの形で、その課の目標が書かれています。そしてさらに下の部分に、人物のせりふの吹き出しが描かれているイラストがいくつか提示されています。次の「言ってみよう」の項目は、本冊に付属している別冊を使いながら会話練習をする内容で、「やってみよう」はCDを聞いてタスクをおこなう内容になっています。三つのスモールトピックが終わると、総合的な活動をおこなう「できる！」があり、その際に使用する語彙表現をまとめた「ことば」と最初に聞いたCDの内容をもう一度聞く「もう一度聞こう」があります。『できる日本語』はほかの教科書と比べて字が少なく、イラストが多いのが特徴です。各課で学習する会話の例をまずCDで聞いて、あとは日本語学習者が日本語でどういうかを考えて、自分の知っている日本語で話すことにチャレンジする、というのがこの教科書の基本方針です。

　このように、各課の中の構成は教科書の開発理念によってかなり異なり、それぞれの特徴が現れていることがわかります。このことは目次のタイトルだけを追ってもわからないことであり、詳しく各課の内容をみていかないと把握できないことだといえます。

4

課のつながりの分析

　ここまで教科書の全体と一課の中をみてきましたが、課と課がどのようにつ

第 2 部　日本語教材を分析する

ながっているかを少し考えてみましょう。

　課の並び方は、その教科書が依拠している外国語教育のシラバスの影響を受ける場合があります。外国語教育の代表的なシラバスについては第 5 章で述べましたが、この中でたとえば「構造シラバス」であれば、易しいものから難しいものへ、基礎的なものから複雑なものへと、体系的に順序立てて並べられており、既習の文型や語彙の上に少しずつ新出の内容を積みあげていく形になっています。初級教科書の場合は、構造シラバスが採用されていなくても、日本語学習者にとって身近な内容、あるいは必用度が高い内容から始まり、少しずつ積みあげていく形であることが多いようです。ここまで初級用の教科書を中心に見てきましたが、中級以降の教科書ではどうでしょうか。初級で扱われる内容は、2. や 3. で見たように、取りあげられ方はかなり教科書の理念によって異なりがありますが、取りあげられる範囲は比較的共通だということができます。しかし中級以降になると、教材によってきわめてさまざまな内容が扱われるのが普通です。国際交流基金の「日本語の教え方　イロハ」によると、中級以降の学習項目として、初級までの既習事項をもとにさらに複雑な課題を遂行するために必要なことばの知識を得るための学習や、さまざまな場面で必要となる談話や社会言語学的な知識を得ること、そして言語行動のストラテジーの知識を得ることなどを挙げています。そうなると、各課の並び方も、必ずしも難易度などの順であったり、既出事項を前提に積み重ねる順序であったりするとは限りません。たとえば『上級へのとびら』は、中級レベルの総合教科書ですが、このレベルの日本語学習者の知的好奇心に合う内容を提供することを目的としており、語彙表現や文法知識、会話を始めとした四技能すべてをカバーする内容で構成されています。各課の配列を見ると、読み物のテーマが自分にとって身近なことから、課が進むにつれ歴史や政治、そして世界につながる内容になっていることがわかりますが、それほど文型などの難易度順などであるようには見えません。一方で、技能別の教科書である『[改訂版] 大学・大学院留学生の日本語　(4) 論文作成編』では、大学で求められる論文を作成するに当たって必要な知識や技能について、まず序論の書き方、そして本論から結論の書き方へと段階的に取りあげられ、一つの課の習得が次の課の前提となっていることがわかります。

　課と課のつながりということで忘れてはならないのは、「モジュール型」の

88

教材の存在です。モジュールというのは単位（module）という意味で、各課が独立して作成されている教材ということです。つまり対象者に合わせて必要な課を適合する順序で使える教材、ということになります。実際にはあまり出版されていないのが実状ですが、地域の日本語教室でボランティアとして参加している日本人が教室の活動のトピックとして使用し、一緒に日本語を使いながら学んでいくための教材『日本語おしゃべりのたね［第2版］』や『にほんご宝船 ―いっしょに作る活動集―』などは、モジュール型教材の例として挙げられるでしょう。また書籍の形ではありませんが、AJALT（日本語普及協会）の「リソース型生活日本語」（http://www.ajalt.org/resource/）は、日常生活で遭遇する「日本語を使ってしなければならないこと」がデータベースの形でインターネット上にアップされており、条件に合った内容の会話や、必要な語彙表現が書かれた教材がダウンロードできるようになっています。このようにリソース（resource：資源の意）として使われることが想定されている教材は、それぞれの課が独立して編集されており、独立して使うことができるようになっているということができます。

5

「わかりやすい」と「見やすい」とはどういうことか

この節では、「わかりやすさ」や「見やすさ」について、表記とイラストに焦点を当てて検討していきます。

5-1　表記

普段私たちは刊行されたものがどのような表記方法になっているか、それほど意識していませんが、日本語教科書は、教材の開発理念を実現するために効果的な表記法が検討され、その結果決められた方法で表記されています。ですからよく観察すると、教科書ごとにかなり異なった方法で表記がされていることがわかります。

たとえば『みんなの日本語初級』では第1課から漢字が使われていますが、一方で普通の日本語では使われない「分かち書き」が用いられています。以下の例に見られるように、句読点に関して、句点は使われていますが、読点は重

第 2 部　日本語教材を分析する

文や複文のときに用いられているようです。また漢字にはすべてひらがなでル
ビが振ってあります。

例）わたしは　マイク・ミラーです。（第 1 課）
　　図書館で　本を　借りる　とき、カードが　要ります。（第 23 課）

『みんなの日本語中級』では、分かち書きではなくなっていますが、漢字す
べてにルビが振ってあることは変わりません。
　次に、『NEJ』を見ると、かなり独特な表記方法が使われていることに気づ
きます。以下の図を見てください。

わたしは、大京大学の学生です。

だいきょうだいがく　　がくせい

I'm a student of Daikyo University.

Watashi wa, Daikyoo Daigaku no gakusee desu.

『NEJ ―テーマで学ぶ基礎日本語―［vol. 1］』（p. 4）

　多少読みにくく感じますが、分かち書きはされておらず、通常の句読点の使
い方がされています。そして漢字の下にルビが振られ、さらにその下にローマ
字で読み方が示されています。「学生」はひらがなのルビでは「がくせい」と
なっていますが、ローマ字では「*gakusee*」となっており、より実際に読んだ
ときの音声に近い形が示されています。またルビはすべての漢字に振られてい
るわけではなく、そのページの初出の漢字だけです。そして「わたしは、大京
大学の学生です。」の横には、英語の翻訳も書かれています。さらに第 8 課か
らは、ルビの振ってあるテキストと振っていないテキストが見開きで並んでい
ます。つまりルビの必要のない日本語学習者にも使えることを配慮しているこ
とがわかります。
　またルビの位置一つとっても、上に振るのか下に振るのかで、ルビへの考え
方の違いがわかります。上に振ってあると、字を追っていく際に視野に入って
しまいやすいので、視野に入らない下に振って、必要なときだけ見られるよう
な工夫が必要だとの考え方です。分かち書きにするのか、ルビはすべての漢字
につけるのかなど、すべて日本語学習者にとって何が重要かという教科書作成

90

第6章 どのように教科書分析をおこなうのか考えよう

者の理念に関わってくるといえます。

5-2 イラスト

　本のイラスト（挿絵）の役割は何かと考えると、基本的には、内容の理解を助けるものであると思われます。しかし次の図はどうでしょうか。

『新編　あたらしいこくご　一上』(p. 71)

　これは東京書籍の国語検定教科書『新編　あたらしいこくご　一上』に掲載されている「おおきなかぶ」というロシア民話の挿絵です。話のおもしろさで子どもにも大人にも人気のある読み物です。横に立つおじいさんと比べてかぶが大きいことはわかりますが、「かぶ」というものを知らない人にとっては、かぶが丸いのか長いのかなどの全体像は絵を見てもわかりません。モノクロではわかりにくいのですが、実際のイラストは葉の緑色とかぶの白のコントラストが印象的なたいへん美しい絵です。しかし決して内容を理解するための絵にはなっていません。これは、国語の教科書が基本的には日本語を母語とする学習者が対象であることと大きい関係があります。つまりかぶがどのようなものかはすでに知っていて、そのうえでこの話のおもしろさをイメージすることが目的となっているために、子どもたちの想像をかきたてるような絵になっているのだと思われます。

　次の図は、『みんなの日本語初級』第5課の会話「この　電車は　甲子園へ行きますか」に添えられているイラストです。これは「おおきなかぶ」の美しい絵と比べるとずいぶん奇妙な印象です。絵が三つに区切られていて、それぞれの人物の上にせりふの吹き出しがあります。一番左の男の人の吹き出しには「¥?」と書かれており、これだけ見ても意味不明です。実はこの課の会話部分は三つの場面に分かれており、一つ目は切符売り場で甲子園までの運賃を尋ねる場面、二つ目は駅員に乗り場が何番線かを聞く場面、そして三つ目は乗り

場で甲子園に行く電車かどうかを尋ねる場面です。このイラストは、三つの場面それぞれに対応していて、その意味が描かれていたのです。つまり会話の内容の理解を助ける、もっといえば会話の翻訳のような役割をしているとも考えられます。

『みんなの日本語初級Ⅰ［第2版］本冊』(p. 41)

下の図は、イラストではなく『まるごと　初級2（A2）かつどう』のトピック「店で　食べる」に掲載されている写真です。実際はカラーの写真です。

『まるごと　初級2（A2）かつどう』(p. 34)

92

この教科書は海外で使用されることが多いため、和食のレストランの雰囲気が伝わるような実際のレストランで撮影された写真が使われています。和服姿の仲居さんも写っています。そこに吹き出しで、会話のせりふが示されています。和食のレストランにまったく行ったことのない日本語学習者にも、イメージができるように工夫がされています。

ここまでの観察から、イラストを使ったほうが実物よりもわかりやすい場合もあれば、写真のほうが雰囲気を伝えやすいこともあることがわかり、それぞれの目的をよく理解することが重要です。

6

教科書分析と日本語教育の現場

日本語教科書を分析するには多くの視点があり、内容を把握することはそれほど単純な作業ではありません。

実際に模擬授業や実際の教室での授業を担当して教科書を使ってみると、ある文型や練習が現実の場面と乖離しているように感じるなどということがよくあります。しかし重要なのは、そこで使いにくい教科書だと判断してしまうのではなく、なぜそこにその文型があるのか、この練習の目的は何なのかなどをよく考えてみることです。第2章でも検討しましたが、一見、実際のコミュニケーション場面ではこんな表現はしないと思われる文型が掲載されていることがあります。しかし教科書の作者がそこにその文型を入れたのには、何らかの意図があると思われます。それは教科書の全体像や、各課の内容、あるいは課同士のつながりを丁寧に見ていくことで、浮かび上がってくることがあります。

日本語を教える現場で、日本語学習者の習得が期待していたより進まないという悩みを持つことがよくあります。それを解決するには、日本語学習者の要因や日本語教師の要因に加え、教科書の要因についても教科書分析をすることで深く検討することが可能です。一つの教材だけを詳しく見るのではなく、ほかの教科書と比較することで問題が明らかになることもあります。ただしこれは、できるだけたくさんの教科書を知り、それぞれの内容に詳しくなることが必要だということではありません。コースデザインをする際や新しい教科書を

第 2 部　日本語教材を分析する

　導入する場合だけに限らず、日頃から教科書分析の視点を持って日本語教科書を見ることは、単にどのようにこの学習項目を教えるのかを考えるのではなく、なぜこの項目をここで教えるのかなど、全体を意識しながら俯瞰することにもつながり、それが結果的によりよい日本語授業につながるといえるのです。

POINT

1　教科書分析は、コースデザインの中でニーズ分析が終わった後、シラバスデザインやカリキュラムデザインの前におこない、その結果をもとに教科書を選定する。

2　教科書分析として、まず教科書の全体像をつかみ、各課の構成や内容の分析、課と課のつながりの調査をおこなう。また、表記や使われているイラスト・写真などの視点からも分析をおこなうとよい。

3　単に各学習項目をどう教えるかという視点で教科書をみるのではなく、その学習項目が教科書の中でどのような役割を持っているかなど、教科書全体を意識することが、日本語のよりよい授業につながる。

第6章　どのように教科書分析をおこなうのか考えよう

教科書分析用テンプレート

＊実際に使用する際には、必要に応じて欄を広げます。

書名	
著者	出版社と出版年
サイズ／ページ数	価格
レベル	対象者
付属教材・準拠教材など	
学習目的	
教科書の構成（全体構成や学習項目の量や配列）	
各課の構成（一課の中の構成、練習問題の形式や内容）	
特徴（シラバス、教授法、自習可能性、表記、イラストなど）	

第 7 章

教科書分析で
何がわかるのか考えよう

アクティブ・ラーニングのための　▶ ▶ ▶　プレタスク

◆あなたが、これまで使った言語の教科書を一つ選んでください。その教
　科書は、どんなことに焦点を当てて編集されていますか。「まえがき」
　や「目次」から判断しましょう。

◆あなたはその教科書を用いて、何が習得できましたか。思いつくことを
　すべてを書きだしてみてください。

　私たちはどんな視点で教科書を見て、そして選ぶのでしょうか。日本語教師
同士が雑談をするときに必ず出る話題は教科書のことで、新しい教科書が出た
とか、新刊の教科書を使ってみたものの、昔から使っている教科書が結局い
い、といった内容です。この章では、なぜ教科書を分析する必要があるのか、
そして分析して何がわかるのかを考えてみたいと思います。

1
なぜ、教科書を分析する必要があるのか

　教科書は、さっと内容を見ただけでは、実際にどのような教科書なのかを正
確に判断できないことがあります。

　私たちは実際どのように教科書を判断するでしょうか。まずは「目次」を見
て、扱われている項目を確認するでしょう。それ以外には、ページ数やぱっと
見たときの見やすさかもしれません。多くのことが詰めこまれている本をいい

と感じる人もいれば、要点が絞り込まれているほうがいいと感じる人もいるでしょう。価格が決め手となる場合もあります。

　しかし、しばらくその本を使ってみて、失敗だったと感じることがあるのも事実です。使っている教科書が学習者の学習にどう影響するかには、さまざまな要素が関わります。特に、昨今では学習者の側のニーズが非常に多様化しているため、単純に割り切ることが難しくなっています。

　岡崎（2004）によると、学習者が多様化する1980年代以前は、教材で取りあげられる学習項目自体はあらかじめ決められていて、むしろ重要な関心事はその教え方をどうするかということであったといいます。そのため、取りあげられている学習項目を、どう教えて学習者に効果的に定着させるかを検討する「教材研究」が盛んにおこなわれていましたが、学習者のニーズがどのようなものであり、それに対応する教材はどのようなものであるかを検討する「教材分析」はおこなわれてこなかったとしています（傍点は筆者）。しかし現在のように学習者の日本語学習の目的や背景の多様化が進んでいる場合は、あらかじめ決められた学習項目がそれぞれの学習者に適合するかどうかは一律には考えられず定かでないため、「教材分析」が必要になると岡崎（2004）は述べています。では、「教材分析」を通して私たちは何が得られるのでしょうか。その一つが、教科書で学習者が何を学べるのかを知るということです。

2

教科書から学習者は何を学んでいるか

　本節では、いわゆる教科の教科書と日本語教科書の内容を詳しく検討し、学習者が学んでいることを比較して考えます。

2-1　教科の教科書と日本語教科書

　次の図は、日本の中学校で用いられている科学の教科書『新編　新しい科学2』から抜粋したものです。「質量保存の法則」の項では、まず密閉した状態でスチールウールの燃焼実験をおこない、化学反応の前後で質量の変化がないことを確認したうえで、「化学変化の前と後で物質全体の質量は変わらない。これを質量保存の法則といい、……」といった解説がおこなわれます。これは

第7章　教科書分析で何がわかるのか考えよう

新しい知識の提示です。

> **┃ 質量保存の法則 ┃**
>
> 　化学変化の前と後で物質全体の質量は変わらない。
> これを**質量保存の法則**といい，全ての化学変化に当て
> はまる。
> 　40ページで化学反応式をつくったとき，矢印の左
> 右で原子の種類と数をそろえるようにした。これは，
> 化学変化では，物質をつくる原子の組み合わせは変化
> しても，原子が新しくできたり，なくなったりするこ
> とはない，つまり，化学変化の前と後では全体の原子
> の数は変化していないからである。

『新編　新しい科学2』(p. 62)

　そしてこのページは62ページですが、「40ページで化学反応式をつくった
とき、矢印の左右で原子の種類と数をそろえるようにした。……」という記述
があり、さらに化学式である $2H_2 + O_2 = 2H_2O$ も示されています。学習者は現
在のページより以前に習ったことに、新しく学んだことを加えたことになるこ
とがわかります。

　一方、日本語教科書の場合はどうでしょうか。次の例は、『初級日本語　げ
んきⅠ［第2版]』(以下『げんき』)の第7課の最初のページです。「家族の写
真」というタイトルで、まず「これはスーさんの家族の写真ですか。」から始
まる会話例が出てきます。しかしスーさんは架空の人物であると思われ、これ
を読んでも実際の人物に関する新しい情報を得られるわけではありません。

99

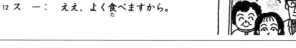

『初級日本語　げんきⅠ［第2版］』(p. 166)

　実はこの課では、「めがねをかけています」や「勤めています」「太っています」などの状態の継続を表す「〜ている」が扱われています。学習者はこの課で、同じ「〜ている」でも「今わたしは、本を読んでいます」のような動作の継続とは意味内容が違うということ、そして会話の中で実際の運用がどのようになされるかということを学ぶことができます。この教科書は海外で使われることが多く、次のページには会話の英語訳が書かれていますが、それであっても前述した科学の教科書とは違い、この会話を読んだだけでは、何が学習のポイントで、何が新しく学ぶべきことなのかはわかりません。授業で教師の説明を聞くか、もう少し後のほうに書かれている英語の説明を読まない限り、あまり意味のある内容を得ることはできないという特徴があります。

　もう一つの例を見てみましょう。右の例は『みんなの日本語初級』第34課の「会話」の部分で、「〜V（動詞）たとおりに、Vてください」という文型を使った会話例が出てきます。ここでは日本の伝統文化の一つである茶道が取りあげられており、和服を着た女性と外国人らしい女性が茶道をおこなっているイラストとともに、「まず　右手で　おちゃわんを　取って、左手に　載せます。……」のように、茶道のお茶の飲み方を説明している会話が示されています。ここで学習者は何を学ぶのでしょうか。「〜Vたとおりに、Vてくださ

い」という表現が具体的に使われる場面を理解できますし、イラストから茶道というもののようすの一端や、ただお茶を飲むだけでなく、特別な作法に従うことが大事なのだということを知ることができます。しかし、茶道を体系的に知ろうとしているのだとしたら、ここでの情報は部分的なものにすぎないことがわかります。

『みんなの日本語初級II［第2版］本冊』(p. 69)

　私たちの日常の言語生活は広大で複雑な性質を持っていますから、これをそのまま示しただけでは学ぶことができません。教科書は、この中から選び出された文型や表現を単純化して学びやすい形に整理して示されたものだと考えることができます。場合によっては、文型や表現が用いられる場面も一緒に提示され、さらには文化的な要素を理解する入り口の役目を果たしていることもあるといえるのです。

2-2　日本語教科書の特徴

　前述してきたように、日本語教科書は教科の教科書と違い、一見して何が学

習できるのかが把握しにくいという特徴があります。たとえば2-1で取りあげた『げんき』の会話を学習者全員で音読し、次に対話の形式で練習したとしても、この課の一つのポイントである「めがねをかけています」の「〜ています」の意味が完全にわかるわけではありません。次のページには英語訳が出ていますが、ここでの「〜ている」の意味は結果の状態を表すものであり、そのことを対訳の英語での意味を読んだとしても、必ずしも理解できるものではありません。

　会話に続くページで、代入練習や転換練習などのドリルをおこない、さまざまな応用練習をたくさんした後で、学習者から「『めがねをかけます』と『めがねをかけています』はどう意味が違いますか？」などという、完全に最初に戻るような質問が出てしまう失敗を犯してしまう教育実習生や新人教師は少なくないでしょう。なぜこのようなことが起こるのでしょうか。それは教科の教科書であれば、内容を音読して確認するだけでも、そこで提示されている知識や情報がある程度学習者の中に定着する可能性があるのに対し、日本語教科書では知識や情報そのものが必ずしも書かれているわけではない、というところに原因があるといえるでしょう。

　つまり日本語教科書で取りあげられている学習項目は、それ自体がどのような意味を持つのか、文型として何に焦点を当てて指導する必要があるのかなどを考えなければ教えられないし学べない、ということになります。たとえば「〜ています」の基本には、まず日本語教育で「て形」と呼ばれる動詞の活用形を把握していることが前提で、さらに「めがねをかけた」の後にその状態が継続しているということを指導しなければなりません。日本語教科書で教える際には、それまでの学習者にとっての既習事項を確認したうえで、新しい指導項目の要点や既習事項との位置づけを考える必要があるということになります。

3 日本語教科書は何に焦点を当てているのか

3-1　日本語教科書と「文型」

　2.で述べましたが、日本語教科書、特に初級レベルの教科書ではその課で

第7章 教科書分析で何がわかるのか考えよう

扱う「文型」というものがあり、たいていその「文型」を中心に内容が構成されています。しかし「文型」の扱い方は、教科書によって異なりがあります。

前述の『げんき』は、まず課の始めにモデル会話が示されています。現在刊行されている初級レベルの教科書はほとんどが会話を冒頭に据え、そこからその課で扱う文型の説明や練習が取りあげられるという形がほとんどです。しかしそうでない教科書もあります。たとえば『みんなの日本語初級』の第14課を見ると、「文型」という項目があり「待って ください。」の文が掲載されており、さらに「例文」という項目には、質問と答えの形で「~てください」が示されていることがわかります。この「文型」と「例文」をそのまま学習者に朗読させても、ほとんどの学習者はそれ自体から何かを学ぶのは難しそうです。母語話者があらためて考えることはほとんどしないと思われる「~てください」が何を意味するのか、そしてその用法がどのようなものなのかを教師が何らかの方法で学習者に理解させない限り、学習者はここから何かを学ぶということはできません。そのためにも、第3章で説明した「教科書で教える」ことが教師には必要になってくるのだともいえます。

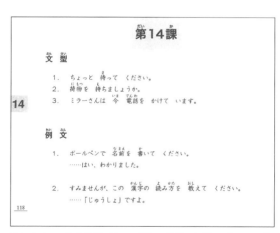

『みんなの日本語初級Ⅰ［第2版］本冊』(p. 118)

教師は『げんき』でも『みんなの日本語初級』でも、「教科書で教える」ことを通して、そこに示されている文型の意味を教え、使い方を教え、練習をさせながら学習者に定着させることを目指していることになるのです。

第 2 部　日本語教材を分析する

3-2　「レベル別」という視点で見た日本語教科書

　日本語教科書は通常、「初級」「中級」「上級」といったレベル別に編集され
ています。「初級」「中級」「上級」がどのような定義なのかは、実は意外に難
しく、第 6 章にも示したように、2009 年までの「日本語能力試験」の認定基
準で示されていた学習時間や語彙数と漢字数などで定義される場合もありま
す。たとえばいわゆる「初級」は学習時間が 300 時間程度、語彙 1,500 語程
度、漢字 300 字程度で、日常会話ができ、簡単な文章が読み書きできる能力が
身につくと初級を修了したレベルとみなされるとされています。しかし最近で
は、必ずしも学習時間や習得した語彙数を基準とするのではなく、CEFR の言
語能力の尺度《➡第 4 章参照》などのように、言語を使って何ができるように
なったのかという Can-do の記述を基準とすることが一般的になりつつありま
す。表 1 は CEFR を参考に開発された「JF スタンダード」という枠組みに準
拠した『まるごと』の目標の一部を示したものです。なお、CEFR にはレベル
が A1 から C1、C2 までありますが、『まるごと』では B1（中級 1、中級 2）
までが教科書が開発されているレベルです。

表 1　『まるごと』のレベルの内容の例（A1、A2）

レベル	学習者の技能
A1 （入門）	・具体的な欲求を満足させるための、よく使われる日常的表現と基本的な言い回しは理解し、用いることもできる。 ・自分や他人を紹介することができ、どこに住んでいるか、誰と知り合いか、持ち物などの個人的な情報を質問したり、答えたりすることができる。 ・もし、相手がゆっくり、はっきりと話して、助け舟を出してくれるなら簡単なやり取りをすることができる。
A2 （初級 1、 初級 2）	・ごく基本的な個人的情報や家族情報、買い物、近所、仕事など、直接的関係がある領域に関する、よく使われる文や表現が理解できる。 ・簡単で日常的な範囲なら、身近で日常の事柄についての情報交換に応ずることができる。 ・自分の背景や身の回りの状況や、直接的な必要性のある領域の事柄を簡単な言葉で説明できる。

　表 1 を見ると、初級と呼ばれるレベルでは、身の回りの日常的なことについ

ての表現が理解でき、話すこともできるというような内容だということができます。

　このように、入門や初級と呼ばれるレベルでは、ごく日常的な場面で必要な語彙や表現が扱われることがほとんどです。その例としては「買い物」が挙げられます。初級の教科書にはほとんど必ず扱われる項目ですが、教科書の理念によって焦点が当てられる項目には少しずつ異なりがあります。これまでに何度か言及している『みんなの日本語初級』では、第3課に基本的な物を表す語彙や値段を表す数字の導入があり、「それは　どこの　靴ですか」や「このネクタイは　1,500円です」「これを　ください」などの買い物の表現が提示されています。ここでは、正確な文型を意識したうえで、かつ実際のやりとりに使える内容になっていることがわかります。

　一方、『NEJ』は、テーマにそって自分のことが話せることを目指した教科書です。そのため第6課で扱っている買い物の内容は、買い物の際に必要なやりとりには焦点が当てられておらず、「わたしは、白いポロシャツと、チェックのスカートと、ジーンズを買いました。そして、かわいいポーチと、小さくてかわいいボールペンを買いました。」のように自分の行動の記述をする文章が提示されています。カタカナ語も積極的に使われています。

　また、『まるごと』では第8課で買い物を扱っていて、実際の買い物の場面での会話が取りあげられているだけでなく、「やすーい！」などの感想をいいながらウィンドウショッピングをする場面も取りあげられています。

『まるごと　入門（A1）かつどう』（p. 98）

　これらは文型ですらない、ごく短い感想を単語だけで述べる表現ですが、き

わめて日常的な言語行動にも焦点が当てられていることがうかがえます。さらに興味深いのは、『まるごと』と『NEJ』が両者とも「かわいい」ということばを扱っていることです。従来の意味に加え、幅広くあらゆる場面で使われることが多くなったといわれる「かわいい」は、日本語学習者が耳にすることが多いことばであるはずで、これまでの日本語教科書ではそれほど積極的に取りあげられなかったと思われる語も、このように早い課で扱われているということでしょう。ちなみに『みんなの日本語初級』では、「かわいい」は第41課に「かわいい犬」という表現として取りあげられています。

　ここまで述べてきたように、「初級」は教科書によって焦点が異なるとはいえ、同じような内容が扱われ、身近な日常場面でのことばや表現を学ぶことができるという点では共通しています。しかし「中級」のレベルになると、教科書によって何に焦点が当てられるかということが大きく異なり、明確な定義も難しくなってきます。『みんなの日本語初級』に続く教科書として刊行されている『みんなの日本語中級』の初めには、日本語によるコミュニケーションができることを目的としている初級に続き、日本の文化や習慣などを理解するために必要な内容を盛り込んだとあり、具体的には日本の文化や習慣を背景とした場面における依頼や謝罪の表現や、基礎表現ではなく微妙なニュアンスを伝えるような書きことばなどが多く盛り込まれてきています。たとえば第12課では、「苦情を言われて謝る」と、「事情を説明する」という目標が立てられ、そのための表現として「出張していたものですから」や「雨に降られて」「立ちっぱなしだから」などが取りあげられています。その練習として「自治会役員を引き受けてほしい」という依頼に、事情を説明しながら断るという問題が含まれているのは印象的です。この課の読解教材が「【座談会】日本で暮らす」という内容であることも、日本に居住する外国人が増えてきたことに対して、単に語学として日本語を学び続けるということではなく、積極的に社会の一員となるための「ツールとしての日本語」を学習することの意義を伝えていることがうかがえます。

　「中級」レベルになると、どちらかというと読み書きに重点が置かれ、文法や表現は内容の正確な理解に役立てるためという位置づけとしている教科書も目立ちます。「上級」レベルになると、その傾向はますます顕著となっていきます。実際に意味のある内容を教える過程で、目標言語の習得を目指すとい

106

う、いわゆる内容重視の教育（Content-Based Instruction）を目指すことになります。「初級」日本語が日常レベルのテーマに関するものであるのに対し、「中級」「上級」になると専門性や抽象度が増し、扱われる内容そのものを重視する傾向が強まるのが特徴です。

3-3　日本語教科書と「練習」

　日本語教科書の構成は、いくつかの要素から成り立っています。「会話」「文型」「解説」、そして欠かせないのがいわゆる「練習」の部分です。「会話」や「文型」の部分で提示された学習項目は、練習問題に取り組むことによって学習者に定着することが期待されており、そのために作られたのが「練習」の部分だということができます。しかしこの「練習」も、何を目的として作られたのかをよく観察しないで、ただ学習者にさせても、あまり効果がありません。

　たとえば、『げんき』の第6課の練習問題を見てください。これは、いわゆる「て形」が導入され、その後の「て形」で二つの文をつなぐための練習です。この練習を通して、学習者は何を練習し何を学ぶことができるでしょうか。まずイラストを見て、それが「起きます」とか「飲みます」、「（テレビを）消します」「出かけます」という語と結びつける必要があります。その後、二つの動作のうち最初の動作を表す動詞を適切な「て形」の形にすることを理解したうえで、「消して」を作り、最終的な「テレビを消して、出かけます。」の文を作るところに達する必要があります。つまりこの練習には三つのプロセスがあり、これらを通じて確認して定着させることになります。

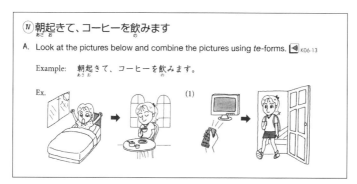

『初級日本語　げんきⅠ［第2版］』(p. 159)

第 2 部　日本語教材を分析する

　もう一つ例を見てみましょう。これは『みんなの日本語初級』の第 7 課の練習問題です。問題を読んで、後述の文に内容が一致するかどうかを○か×で答える問題なので、ある種の読解問題といえるでしょう。

```
                                        ── 土曜日と　日曜日 ──
   けさ　図書館へ　行きました。図書館で　太郎ちゃんに　会いました。
   太郎ちゃんと　いっしょに　ビデオを　見ました。　わたしは
   旅行の　本を　借りました。
     あしたは　日曜日です。　朝　旅行の　本を　読みます。
   午後　デパートへ　行きます。　花を　買います。　母の
   誕生日の　プレゼントです。
```

『みんなの日本語初級Ⅰ［第 2 版］本冊』(p. 63)

　しかしこれはある意味、不思議な問題です。この内容からみると日記のように書かれていますが、現実世界では、このような日記を書くこともないし、さらに他人の書いたこのような日記を読むこともないのではないでしょうか。では、何のためにこの日記を読み、学習者は何を習得するのでしょうか。『みんなの日本語初級』では、第 5 課で基本的な動詞が導入され、非過去形と過去形とが扱われ、さらに第 6 課と第 7 課では助詞が加わった動詞文が導入されています。その第 7 課にある練習問題がこの日記です。つまり、ここでは、動詞を使った文型、時制や助詞の扱い、関連の基礎語彙などの定着を確認したうえで、少しまとまった内容を読むという活動がおこなわれたことになります。さらには、まだほんの初級が始まったばかりの段階であっても、ある程度のまとまりのある内容を同じように書くことができる、ということを学習者に示している可能性もあるのです。

　読解の練習に比べると、聴解の練習はもっとプロセスが複雑です。次の図は『みんなの日本語中級』の第 8 課のまとめ練習の聞き取り問題です。第 8 課の目標は「人や物のようすを詳しく説明する」というもので、この問題の 3) は、交通事故と運転をする人の年齢との関係の説明文を聞いて、この説明に合致するグラフを選ぶことが求められています。この説明文は 30 秒ですが、「～歳から～歳までがいちばん多く……」などの話が続き、かなり長く聞こえま

108

第 7 章　教科書分析で何がわかるのか考えよう

す。この問題を解くためには、この課で学んだ「〜によって」や「〜まで」の表現を含む話の内容を理解し、グラフを見ながら合致するものを選ばなければなりませんが、聴解なのでどんどん進んでいく話の内容を記憶にとどめながら、かつグラフの意味するところを見ながら理解し、それらの情報を総合して合致するグラフを選ぶことが必要になるのです。

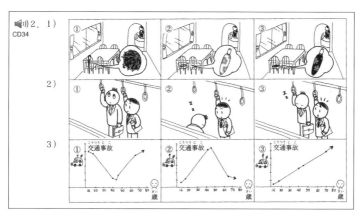

『みんなの日本語中級 I　本冊』(p. 112)

　会話などの産出をともなう練習になると、またかなり様相が変わってきます。『[新版] ロールプレイで学ぶ　中級から上級への日本語会話』では、レストランで支払いのときになってお金が足りないことに気づくという状況でどのように店の人に話すかをロールプレイで練習させるという課があります。この教科書では「タスク先行型」、つまりまず学習者が自らタスクに取り組んでみて、産出するためのプロセスや産出したものの課題を自分で見つけたところで、必要な表現を与えるという方法を推奨しています。中級から上級への会話は、決まった表現を一つ使えば成功するというものではなく、簡単に答えが出せるものではありません。そこでは、学習者が持っている知識を総動員して、まずはできる範囲の会話例を作ってみるというプロセスが大事になります。文化的な知識を入れるとどうなるか、あるいは母語話者ならどのようにいうことが多いかなどの情報を、学習者が作った会話例に加えていくこと自体が「練習」になります。

最後に新しい教育観と練習について見てみましょう。次の図の「アクティビティー」とあるのは、『つなぐにほんご　初級1』という初級の教科書にある練習です。日本語を使って社会活動に必要なコミュニケーションができるようになることを目的としています。

『つなぐにほんご　初級1』（p. 196）

　この第9課では「注意や指示を聞く」という内容で、「～ないでください」や「～てはいけません」の文型が取りあげられています。この練習は、それらを学んだ後で、まとめとしての役割をしているもののようです。ここで興味深いのは、身の回りのマークを「「ペットボトルです。リサイクルしてください。」という　いみです。」などと説明しあっている会話を練習してから、自分のマークを作り、それを皆の前で発表するというアクティビティがあることです。これは単に情報を調べて、既習の文型を用いて説明するだけでなく、それをもとに自分で新しいものを創造し、さらに他人と共有するという活動である

第 7 章　教科書分析で何がわかるのか考えよう

ことがわかります。第 4 章でも述べましたが、日本語の初級レベルであって
も、単なることばの習得にとどまらず、得た情報を用いて新たな価値を創造
し、さらにほかの人とコミュニケーションやコラボレーションをすることを目
指す、21 世紀型スキルを意識した練習となっているのです。

4

日本語教科書を分析することの意味

　ここまで見てきたように、日本語教科書では「会話」や「文型」一つとって
も、ただ学習者に読ませて理解させればいいというものではありません。また
練習問題もその意味や機能をよく考えたうえで、学習者が何を習得し何ができ
るようになるのかを確認しながら授業をおこなう必要があるのです。その準備
として、この教科書が日本語教科書の中ではどのような特徴を持つものとして
位置づけられるのかを把握したうえで、教科書全体の特徴と一課ごとの目的を
正確に理解し、的確に教室で用いることが大事になってきます。教室で教科書
を用いて教える際は教案を作りますが、そのためにも、教科書を分析し、詳し
く内容を把握することが必要となります。

POINT

1　日本語教科書をざっと見ただけでは内容を正確に理解することは難し
　　い。特に日本語学習者が多様化している現在では、教科書分析をおこ
　　ない、学習者が教科書を通して何が学べるのかを把握する必要があ
　　る。

2　日本語教科書では、複雑な日常の言語生活の中から日本語の学習項目
　　を整理してわかりやすい形で提示してある。さらに提示した文型など
　　については、使われる場面や文化的な背景も一緒に示されることが特
　　徴である。

3　日本語教科書の内容は、授業で扱う前にじゅうぶんに分析し、扱う課
　　が教科書全体の中でどのような位置づけなのか、そして一課ごとの目
　　的を把握して、教案の作成に取りかかる必要がある。

111

第 3 部

日本語教材を使って実践する

第8章

「教科書分析」から
「教案作成」へ
進んでみよう

アクティブ・ラーニングのための ▶ ▶ ▶ プレタスク

◆日本語教科書を一冊選び、教えるのが難しそうな課と易しそうな課を選
　んでみてください。そして、なぜその課が難しい（易しい）と考えたの
　か、その理由を書いてみてください。
◆教科書によって各課の構成は統一されていますが、実際の授業の進行の
　順番になっているとは限りません。任意の一課を選び、授業の進め方を
　考えて、構成を並べなおしてみてください。

　第7章までは、日本語教育における教科書の意味や役割について考え、教科
書の内容を分析する方法を学んできました。第8章と第9章では、教科書の分
析結果を授業や研究に使う方法を具体的に考えていきます。まず第8章では
「教科書分析から教案作成へ」というテーマで教科書から授業のシナリオであ
る「教案」を作っていく方法を学びます。

1

「教案」とは何か、何のために必要か

　教師の仕事でもっとも重要なことは「授業をする」ことです。実際に教師に
なってみると、授業以外の仕事が意外に多いことに気づかされますが、教師に

115

とってもっとも重要な仕事が授業であることは間違いありません。そして、さまざまな仕事の中で一番、やりがいのある楽しい仕事が授業でもあります。

さて「授業は仕事」と書きましたが、それは具体的にどんな仕事（あるいは作業）でしょうか。

学習者にとっての「授業」は、時間がきたら教室に座って、先生の話を聞き、質問に答えたり、ときには、学習者同士でグループワークをしたりすることでしょう。さらに、授業が終わった後、教科書とノートを見て授業を復習したり、宿題に取り組んだりしなければなりません。

近年、授業の前に学習者が自分で学び、授業の時間は復習に充てる「反転授業」という形式が効果的な学習方法として提案されています（この本も各章に「プレタスク」が準備されています）。しかし「反転」授業ということば自体に表現されているように、一般的に「学習者にとっての授業は教室から始まる」といっていいと思います。

特に語学の学習に成功するためには、予習はそれほど重要ではなく、それよりも復習にじゅうぶんな時間をかけるほうがずっと重要です。つまり、外国語学習者にとっては、授業が「学習の起点」になるといっていいと思います。

これに対して、教師の仕事としての「授業」は、教室に行く前に始まります。教師は、今日の授業で何を学ぶ（教える）のか、どのような手順で何を話すか、学習者はどのようなタスク（課題、作業、練習など）をどのようにおこなうか、などということを事前に決め、それを実行するためのさまざまな準備をしてから教室に行かなければなりません。

このような授業の準備には、授業時間そのものより、ずっと長い時間が充てられるのが普通です。ですから、教師にとっては、ある授業の「仕事の終点」が授業そのものなのだ、といってもいいかもしれません。

もちろん、授業が終わった後で、自分の授業を振りかえる時間を持つことは大切です《➡コラム「授業が終われば、もう終わり？」参照》。しかし、それは教師自身が成長していくために重要なことなのです。あるいは、それが次に担当することになる学習者のためになることはあるかもしれません。しかし、いま授業を終えたクラスの学習者にとっては、あまり関係がないことでしょう。

さて、授業の前には、どんな準備が必要でしょうか。一般的に教師が授業の具体的な内容を事前に決めていくことを「教案を作る」といいます。

最初に授業目標を決めます。つまり、この授業を終えたとき、学習者が何を学習（理解）し、何ができるようになるか、という目標を設定します。次に、その目標を達成するために授業時間内にすることを順番に書きだして進行表を作ります。一般的には、この進行表のことを「教案」と呼んでいます。

教案には、何を教えるかという内容だけではなく、それぞれの手順に何分使うか、という時間の配分も書きこまれます。普通は縦軸に時間配分を、横軸に教師が話す内容・学習者がやる練習やタスク（作業）・教科書のページ・留意点などが書かれた表形式で作成します。

つまり、教案とは、その授業の目標、内容、順序、そして時間配分が書かれたプログラムです。教師は、授業の前に準備した教案に従って授業を進行していきます。

教案を作る、これが授業の前に教師がする「準備」の第一歩です。

2

日本語の授業の教案作成

さて、日本語の授業の教案を作るときに難しいのは、自分（教師）が何を話すか、何を「教えるか」だけではなく、学習者が何を「学ぶ」のか、もっというと、この授業を受けたことによって何ができるようになるのか、をはっきり意識して書きこんでおかなければならない、ということだと思います。

教科教育の授業では「教科書を教える」だけでも、なんとなく授業らしい形ができてしまうことが起こりえます。たとえば、歴史の授業であれば、教科書を読みあげながら、ところどころに理解を助けるための解説を入れ、あるいは時代背景を話し、登場した人物に関するエピソードを話して生徒の興味を引き、さらに、歴史の転換点になったような重要な事件に関しては「ここを押さえておけば（試験は）大丈夫！」といった感じで、その重要さを強調し……というふうに、教師が話すことだけを決めておけば、それで授業を進めることができます。

そして、このような教師が話すだけの、つまり「教科書を教える」授業であれば、教案を作る作業も比較的簡単です。教師が授業時間内に話さなければならないこと（及び板書すること）をリストアップし、それを書きだして教案と

第3部　日本語教材を使って実践する

すれば、なんとか授業はできるでしょう（たぶん「いい授業」とはいえないでしょうが）。

　しかし、日本語の授業では、教師が話すことだけを書きこんでいっても、授業で使える教案にはなりません。「いい授業にならない」というレベルの話ではなく、授業そのものができないはずです。

　これまで何度か述べてきたとおり、日本語の授業では授業の終わりに「学習者が何を理解しているか」ではなく「（日本語で）何ができるようになっているか」ということが目標として設定されます。つまり、日本語の授業においては、教師が何を話すか（教えるか）ということではなく、その授業中、学習者が何を学んで、どのような練習をおこない、その結果、何ができるようになったか、ということが重要なのです。

　そのため教案には、その授業によって「学習者が何を学ぶのか、どんな練習をするか、その結果、何ができるようになったか」ということを書きこんでおかなければ、授業で使える教案にはならないのです。

　図1は、横溝・坂本（2016）『教案の作り方編』に掲載されている教案のフォーマットを参考にして、筆者（本田）が作成したものです。多くの日本語教師が使っている標準的なフォーマットだといってよいでしょう。

クラス	初中級Bクラス
本時限の目標	変化を表す表現
学習項目	[Vマス形] ようになります・[Vナイ形] なくなりました
教科書の該当ページ	第10課　○○ページ～○○ページ

時間	項目	教師の活動	板書・スライド提示	学習者の活動	使用する教材	留意点
9:00	出席確認	あいさつと出欠確認		あいさつを返す		
9:05	【アイスブレイク】	今日のニュース「梅雨入り」について 学習者の出身地に「雨季」があるか質問	「梅雨（つゆ）入り」	出身地の気候について話す		
9:10	【導入】	第10課「～ようになります」 「～になります」を確認 Vようになります、となることを説明	もうすぐ「夏になります」 日本に来てから、Vようになりました。		教科書○○ページ	
9:20	【練習】	練習①のやり方を説明 例をやってみせる 学習者を指名する	スライドNo.1 学習者の回答を書く	指名されて練習をする	スライドNo.1～20	
	【展開】	自分自身のことを話す				
	【復習】					
	【宿題の確認】					

図1　教案フォーマットの例

118

教案では、時間軸を縦にとります。横の欄は、作成する教師によって多少異なりますが、ここでは、順に「時間」「項目」「教師の活動」「板書・スライド提示」「学習者の活動」「使用する教材」「留意点」としてみました。

> 教案は、「この授業が終わったときに、ここまでできるようになってほしい」という教師の願い、すなわち目標を達成するために具体的に記述する「計画案」なので、学習者を常に主体として考えながら書く必要があります。
>
> （横溝・坂本 2016, p. 10）

このように、日本語教育の教案では（本当は教科教育の教案でも）学習者がその授業中に何を学ぶのか、そのためにどんな練習をするのか、ということが真っ先に問われるのです。しかし、授業の経験の浅い教師が、学習者が学ぶことを考えて教案に書きこんでいくということは、難しいことでもあります。

実際に日本語教師養成課程でおこなわれる教育実習の前に、実習生が書いてきた教案を見ると、「教師の活動」「学習者の活動」、そして「教科書」欄にはほぼ同じことが書かれていたりします。つまり「教師の活動：問題1を指名」、「学習者の活動：問題1に答える」、「使用する教材：教科書○○ページ　問題1」という調子で、「教科書のどこをするのか」しか書けていないことがとても多いのです。これは、学習者にそのとき何を学んでもらいたいのか、教師はそのためにどのような導入をするのか、どのようなタスクをすれば効果的か、そのタスクのために、どんな教材・教具を準備しなければならないのか、ということが具体的に考えられていないからなのです。

そのような教案は、時間の配分に関しても「適当な数字」が書きこまれています。学習者がほとんど考える必要がなく、代入練習など、反射的に回答していくような「ドリル」に10分もかけることになっていたり、反対に30分かけても終わりそうにないような複雑なタスクを5分で完了して口頭発表する、ということになっていたりすることがあります。

このような、内容も時間配分もきちんと検討されていない教案によって授業をおこなうと、学習者の「学び」が保障されないのはもちろん、授業中に空白の時間ができてしまったり、終了時間よりはるかに早く終わってしまったりして、授業の「かたち」さえ作れません。経験の長い教師には、それが、はっき

りわかりますから、何度も書きなおしを命ずることになります。

みなさんの中にも、教育実習の体験談として「50 分の実習の教案を作るのに徹夜した」などということを先輩から聞いた人がきっといると思います。このように、教案を作成するのに長い時間がかかってしまうのも、やはり、授業中に学習者がおこなうべき行動を具体的に考えられないからなのです。

実は学習者が使う時間の見積もりは、経験が長い教師でも難しいことがあります。特にペア練習やグループワークなどは、そのクラスの雰囲気によって、ものすごく盛り上がって予定時間で終われなくなるときもあれば、あっという間に終わってしまうような超クールな (?) クラスもあって、特に学期初めのクラスができたばかりのときは、経験のある教師も苦労することがあります。

では、経験がない実習生や経験が浅い教師がきちんと授業ができるような教案を作る（しかも徹夜しないで）ためには、どのようにすればいいのでしょうか。これに対する筆者の提案は、「教科書に忠実に教案を書きましょう」というものです。これは、上に述べた「教科書のどこをするのかしか書けていない」ということと矛盾するように思えるかもしれませんが、そうではありません。

本書で教科書分析を学んできましたが、その結果、みなさんは「シラバス」という考え方を身につけたと思います。つまり、教科書の構成において、「ここでこの文型を学ぶのはなぜか」「この文型は、前後の課とどのようにつながっているか」ということを理解できていると思います。

したがって、「（教科書の）どこをするのか」ということだけではなく、「なぜするのか」「前後の課とどのようにつながっているのか」「どのように練習すると効果的か」ということを考えながら教案を書くことができるはずです。

第 1 章で、日本語教育では「教科書は（学習者よりもむしろ）教師が授業をするためにある」といいました。その教科書の存在意義は、教案を作るときにもっとも強く表れるのです。

なお、本書の 142、143 ページに「よい教案例」と「あまりよくない教案例」を載せましたので、参考にしてください。

120

第8章 「教科書分析」から「教案作成」へ進んでみよう

3 ··

教科書から教案を作る理由

　第3章で経験が長い教師がどのように教科書を使っているか見てきました。その結果は「授業中に教科書を開くのは、学習事項の確認のとき」「練習問題の例示をするとき」ぐらいで、それ以外の時間は「ほとんど教科書を開かない」ということでした。では、経験が長い教師は、教科書を無視して授業をしているのでしょうか。

　もちろん、それは違います。教科書を開けばそこにいままで学んできた学習項目が書かれている、ということも、練習問題を始める前に教科書でやり方を確認する、ということも、その教師が教科書に従って授業を進めている、ということを意味しています。つまり、経験が長い教師も、教科書の内容にきちんとそって教えているのです。

　教科書の「はじめに」などに、その教科書が出版されるまでの経緯が書かれていることがあります。それを読むと、実際に特定の教育機関で試用され、そのフィードバックにもとづいて改稿された後に、出版にいたったというケースが多いことに気づきます。

　第1章で教科書の学習項目とその提出順は、著作者の主観によって決められる、というお話をしました。そのとおりなのですが、教科書という形になって出版にいたったものは、初めに個人的、主観的な判断によって選ばれた学習項目とその提出順が、その後、何度かの授業による具体的・実践的な検証を経て取捨選択され、最終的に決まったものなのです。

　このように考えると、教科書というものは、かたちを変えた「教案」そのものだ、ということがいえます。しかも、教科書になった教案は、さまざまな教師が作った教案の中でも、特に優れたものであるといえるでしょう。教科書として出版されるまでに、複数の人たちによる検討と検証を経なければならないからです。それに関わった多くの人々が、その教案が広く普及するに足る高い価値を持つものだ、という自信と確信を持てなければ、教科書として公刊されることはないでしょう。

　このように本来「教案」として作られた教科書、しかも、経験が長い教師たちが苦労して作成した教科書を、自分の授業の教案作成に使わせてもらう、と

121

いうことは理にかなったことだと思いませんか。

4

教科書から教案を作る方法

　では、次に教科書から教案を作っていく方法を考えてみましょう。まず、教科書と教案の違いを考えてみます。

　教案は、教師が教えるために、教師の立場から書かれますが、教科書は、その教案を学習者が学びやすいように書きなおしたものです。この立場の違いが、教科書と教案のもっとも大きな違いです。たとえば、授業中の時間配分などは教師だけが気にすればいいことなので、教科書には書きこまれていません。

　もっとも大きな違いは、教案は時系列に従って書かなければならないのに対して、教科書は時系列ではなく、内容（項目）ごとにまとめられている、ということです。

　たとえば、その課で学ぶ文型などは、一ヵ所にまとめて記載されていることが多いはずです。また、練習問題も一ヵ所にまとめて置かれているでしょう。新出語彙はたいてい課の初めか終わりに並べられているはずです。このように整理されていると、学習者がその日の授業を復習するときにわかりやすいからです。

　しかし、授業のときに文型を一気にまとめて説明（導入）し、次に問題を次々とこなし、最後に新出語彙をまとめて覚える、というやり方はできません。

　第一の文型を説明し、次にそこで出てくる新出語彙を学んだ後で、その文型を使いこなすための練習をする。それから、第二の文型と新出語彙を学んでその練習に移る、というやり方をするのが、だれもが考える教案でしょう。つまり、教案を作る際には、一度、教科書をバラバラにして、授業の時系列に従って配列しなおす、という作業が必要なのです。

　練習問題についても同じです。練習問題といっても、例文を導入した後ですぐに取り組むべきもの、グループワークとしておこなうもの、総合的な復習として、課の最後にやってみることが想定されているものなど、いくつかのタイ

第 8 章　「教科書分析」から「教案作成」へ進んでみよう

プに分けられます。しかし、それらタイプの違う問題が、授業の進行に合わせて分散して置かれているとは限りません。

　このように教科書では、学習内容が時系列で並べられているのではなく、整理され、まとめて置かれているのです。教科書がこのような構成になっているのは、すでに述べたとおり、復習するとき、学習者が学んだことを一目で確認できるようにという意味あいが強いといえます。そのため、教師が教案を作るときには、授業の進行順に再度組みなおしていく必要があるのです。

　日本語教科書は、いわば「日本語」という建物の見取り図のようなものです。教師はその建物を学習者とともに作っていく建築家です。つまり、見取り図をもとに、教師が壁や窓を持ってきて取り付け、インテリアを考えていかなければならないのです。

　そのとき、持っていく壁や窓が、クラスの学習者にも好まれるものかどうかということは、よく考えなければなりません。つまり、大人の学習者に対して中高生が興味を持つような話題で会話練習をさせてはならないのです。

　また、必要なら間取りも自由に変更していい（練習をする順序や教科書にないタスクの追加など）のですが、チームティーチング《➡第 3 章参照》をしている場合は、次の時間を担当する先生の部屋に手をつけてはいけません。

5

教案を作るときの作業手順

　本章の最後に、教科書から教案を作るときの作業の手順を考えていきましょう。すでに教科書全体の分析が終わっているという前提で話を進めていきます。

① 学習目標の確認

　まず、授業の学習目標を確認します。それと同時に、それまでの既習項目と次の時間で学習することも確認して、コースのシラバスの中で、その学習目標がどのような位置をしめているのかも確認しておきましょう。

　というのも、コースの中での個々の授業項目の比重は、すべて同じではありません。難易度が高い項目もあれば、それほど難しくない項目もあります。初

123

級コースでいえば「て形」や「授受動詞」などが難しい項目になります。

　一般的にいって、難易度が高い項目、新出項目を学ぶときは、説明（導入）の時間を長くとり、すべての学習者が「じゅうぶんに理解できた」という感覚を持てるようにします。反対に前の時間に難しい「て形」を導入した後の授業では、復習の時間を長めにとって、前の時間に学んだことがじゅうぶんに定着しているかを確認することも重要です。

　また、まったく新しいことを学ぶ時間もあれば、すでに学んだことを拡張する用法を学ぶ時間もあります。たとえば「〜ています」などの文型がその例です。「〜ています」は、動作の継続、状態の継続、反復的・日常的な行動など、機能を変えて同じ文型が何度か教科書に取りあげられます。しかし、学習者はもう勉強してしまった文型がまた出てきた、と誤解していることも多いのです。そのような課では、実際に使ってみる練習を多くやって、その機能（使い方の異同）を学習者が把握できているかどうかを確認したほうがいいでしょう。

　その反対に教科書に学習項目として取りあげられていなくても、例文中にある助詞の新しい使い方や副詞の使い分けなどについて、学習者から鋭い質問が出ることがよくあります。経験が浅い教師は見落としがちですが、このように細かな初出、新出事項にも注意しなければなりません。

　なお、学習者の母語によっても難しさや理解度は変化します。連体修飾節などがそれです。母語に同じ修飾構造を持つ言語話者は、ほとんど、とまどうことがありませんが、異なる構造の母語（名詞に修飾節が後続する言語）を持つ学習者に対しては、時間をかけて説明と練習をする必要があります。それは、そのクラスを担当する教師が学習者の出身や学習歴を考えながら決めなければなりません。

　さらに、学期の中には、作文やプレゼンテーション、アクティビティ、あるいはゲストを招くビジターセッションなどもあるでしょう。そのような、ちょっと特別な時間を担当する場合は、その時間がコース全体の中でどのような位置づけと意義を持つのか、しっかり確認しておく必要があります。

　このように、授業の進め方と時間配分は、コース全体の中で、その授業時間がどのような位置づけにあるかによって、変えていかなければなりません。一方、教科書は学習者が学んだことを一目で確認できるように、各課の構成と分

量が統一されています。そのためにも、あらかじめ教科書分析をおこない、全体を把握しておくことが重要なのです。

② 時間配分の決定

こうして初めに学習目標を確認し、その内容とコースの流れを確認したら、その日の授業時間をどのように使うかを考えます。つまり、この授業は、導入・説明に時間をかけよう、とか、復習をしっかりやろう、とか、タスクをする時間をじゅうぶんに確保しなければならない、といったことを意識して、大まかな時間配分を決めます。

③ 授業の流れの検討

時間配分を決めたら、教科書の学習項目（文型など）ごとに、導入（新出項目の説明）、練習、タスクを再構成して、時系列にそって書きだしていきます。

このとき「新しい単語を説明する」「文型を導入する」「問題1をする」と機械的に題目だけ書いていってはいけません。「文型を導入する」なら、その文型の意味と機能（使い方や使われる場面）をどのような方法・手段を使って理解してもらうのか、具体的に書いてください。つまり教師が話すこと、やることを具体的に書きます。

教案にどこまで細かく書いておくかは、教師によってさまざまです。自分の話すことを、動作・ジェスチャーまで含めて、かなり細かくシナリオのように書きこんでいく人も、反対に簡単な箇条書きで済ませる人もいます。

ただ、教師経験が長くなるにつれて、教案が簡潔になるという一般的な傾向はあります。反対に、初めての教育実習や経験の浅い教師は、かなり細かく書きこんだ「厚い」教案を準備するように努力するべきです。

しかし、教育実習などで初めて教案を書く人は、「どこまで細かく書けばいいか」という感覚そのものがつかめないかもしれません。そこで、教科書に準拠した「教師用指導書」「教え方の手引き」などがあれば、それを参照するといいでしょう。

教科書に準拠した指導書が出版されていなくても、Webサイトなどが準備されているかもしれません。あるいは、同じようなシラバスを採用した教科書の指導書が参考になるかもしれません。

初めのうちは、指導書に頼りきって教案を書くことになるかもしれませんが、何度か教案を作っていくうちに「この指導書に書いてある方法よりも、こうやって教えたほうがわかりやすいんじゃないか？」とか「このクラスの学習者はこんなアクティビティを使ってみよう」と思いつくことが必ずあるはずです。そして、しだいに自分が作った部分が確実に増えていくでしょう。「自分で考えること」を忘れずに教案を書いていれば、指導書を超える日は意外に早くやってきます。指導書を超えるために、初めは大いに指導書に頼りましょう。

6 ....

授業のとき、教案はどうするか

　現在、教案を作成するときは、ほとんどの教師がパソコンを使っていますが、パソコンを見ながら授業をするわけにはいかないので、紙にプリントして授業に持っていくのが普通です。あるいはタブレットで持っていく人もいるかもしれません。

　筆者もタブレットに教案を入れてみたことがありますが、日本語教育では、授業中にスライド（PowerPointなどのプレゼンテーションソフトを使う）を学習者に見せることがよくあります。そのとき、パソコンとタブレットを両方持っていくと、操作に手間取ったりすることが多いので、教案は紙にプリントアウトして持っていくのが一番いい、という結論に達しました。また、タブレットは教案を1ページずつしか表示できない点も意外に不便です。

　紙で持っていくとしても、タブレットで持っていくとしても、授業中は、必ず教案をこまめに確認しながら進めましょう。あまり頻繁に教案を見ていると学習者に「頼りない先生だ」と思われてしまうんじゃないか、と心配する人もいるかもしれませんが、途中で次に何をするか忘れて授業がストップしてしまったら「頼りない」どころか「この先生ダメ！」と思われてしまいます。教案を片手に持ち、その助けを借りながら授業を進めましょう。

　経験が長い教師が、毎学期、同じ授業を担当しているような場合、教案が頭の中に入っているので、授業中にほとんど教案を見なくても滞りなく授業が進行していきます。このような授業を参観させてもらうと、教案なしでも授業が

できるような気がしますが、どんなベテラン教師でも、よい先生だと学習者が感じるような教師は、必ず教案をどこかに持って（置いて）授業を進めているはずです。

教科書を道標として、教案を自分で考えて作り、その教案を見ながら「教科書で教えて」いった人は、経験が浅いときから、学習者に「いい先生だ」と評価されることになるはずです。そして、そのような人は、確実に数年でベテラン教師に負けないような「よい授業」ができるようになるのです。

POINT

1 教師の仕事は、授業の準備に始まる。仕事の終点が授業である。

2 授業の順番を決めたプログラムを教案という。教案を正確、詳細に書くことによって、どのような授業準備をすればよいかが明確になる。

3 ほとんどの教科書は、何度かの授業による具体的・実践的な検証を経ている。したがって、教科書を参考にして「教案」を作ることができる。

COLUMN
授業が終われば、もう終わり？

　第8章で「教師の仕事の終点に授業がある」と書きました。しかし、授業が終わったら、何もしなくていい、というわけではありません。授業が終わった後にもしておくべき仕事があります。

　まず、教案の整理です。授業の前に考えた計画がすべてうまくいったでしょうか。たとえば導入は、学習者にすぐ理解してもらえましたか。もし、思ったとおりにすぐ理解してもらえたなら「備考」の欄に、そのことを書いておきましょう。反対になかなか理解してもらえなかったようなら、次に同じ課を教えるまでに、もっとよい導入を考えなければならないので、それを「宿題」としておきましょう。同様に準備した例文は適切だったか、練習問題、特にロールプレイの課題やアクティビティ（ゲーム）がうまくいったか、学習者の反応はどうだったか（楽しんでいたか、気分がのらないようだったか）、時間配分は適正だったか、などを、すべて教案に書き入れてパソコンに「保存」しておきます。

　同様に、授業で使ったスライドの内容なども、よかったところ、うまく理解してもらえなかったところ、などを注記しておきましょう（PowerPoint のスライドの説明欄などに書きこむ）。それら反省点を書きこんだ教案と資料をすべて「教科書名・第〇課・年月」というタイトルをつけたフォルダに入れておきます。

　日本語教師は、だいたい1学期（半年かクォーター）ごとに同じ授業をしなければなりません。そのため、毎回の授業が終わった後にすぐ反省点を書きこんで保存しておくことが重要です。それさえやっておけば、何度か同じ教科書の同じ課を教えたころには、授業の準備がものすごく楽になっていることに気づくでしょう。そして、それに反比例して、みなさんの授業は、飛躍的に「よい授業」になっているはずです。

　授業の前のじゅうぶんな準備と、授業のすぐ後の振りかえり（と記録）を重ねていくことによって、日本語教師は成長していくのです。

第9章

教科書を道標として「授業」を作ってみよう

アクティブ・ラーニングのための ▶ ▶ ▶ （ プレタスク ）

◆日本語教師が授業の前にしておくべき「準備」には、どのようなものが
　あるか考えてリストアップしてください。
◆リストアップした「準備」をするのに、それぞれどのぐらいの時間がか
　かるか予想してみてください。

　第8章では、教科書から教案を作る手順を、コース全体を見渡すマクロな視
点から考えてきましたが、第9章では、具体的に1時間の教案を授業にするま
でのミクロな手順を考えます。特に経験が浅い教師が、教科書を道標、あるい
はガイドブックとして活用して、どうやって自分の授業を準備していけばよい
か、という手順を具体的に考えていきたいと思います。

1

「直接法」と「媒介語を使う授業」について

　最初に考えなければならないことは、どんなことば（言語）を使って日本語
を教えるか、ということです。

　クラスの全員（教師と学習者）が同じ言語を理解することができるのなら、
新出単語や文型の意味やそれが使われる場面を説明するときに、全員が理解で
きる言語を使うことができます。外国語の授業で説明に使われる言語を「媒介
語」といいます。

第3部　日本語教材を使って実践する

　これは、日本の中学校の英語の時間を思いだしてもらえば状況がよくわかると思います。日本人の教師は、まず日本語で説明してから英語を使った練習を始めることが圧倒的に多いと思います。日本語教育でも、海外の学校で日本語非母語話者の教師が担当する授業では、媒介語を使って授業をするのが一般的です。

　しかし、日本国内の学校、あるいは海外の学校でも母語話者（ネイティブ）教師が担当する授業では、ちょっと事情が違ってきます。日本国内の学校には、世界の各地から学習者が集まってくるので、クラスの学習者全員が同じ言語を話せるとは限りません。その反対に、海外の学校では、日本語のネイティブ教師が現地のことばを話せないこともあります。

　また、ネイティブ教師が担当する授業では、仮にクラスの全員が同じ言語を話し、さらに教師がその言語を自由に話せるような場合でも、媒介語を使って授業を進めていると「ネイティブの先生に教わる意味がない」という感想を多くの学習者が持つ、という実情もあります。こちらは、中学校や高校の ALT（外国語指導助手）の授業を思いだしてもらえばいいかもしれません。

　このような事情から、日本国内外を問わず、日本語のネイティブ教師は、「日本語で日本語を教える」ことが基本とされています。このような媒介語を使わない授業を「直接法」による授業といいます。

　ここで、よく話題となるのが「直接法」と「媒介語を使う授業」のどちらが優れているか、ということです。日本の学習指導要領では、中学・高校の英語授業について「英語の授業は基本的に英語でおこなうこととする」となっており、その理由は明記されていないものの、その背景に直接法のほうが優れている、という考え方があるのではないかという印象を持ちます。

　筆者（本田）は、英語教育における直接法については語ることができません。しかし、ネイティブの日本語教師として国内外でクラスを担当してきた経験からいえば、「ゼロ初級」と呼ばれるまったく初めて日本語を学ぶ学習者のクラスでは、わずかな単語レベルでも媒介語を使うと、学習者の緊張が解けて、授業の雰囲気がよくなることを感じます。反対に日本語がかなり理解できるようになったクラス（初級修了程度）では、学習者の疑問に媒介語で解説するより、日本語でさまざまなパターンの例文を示して、体感的にわかってもらうほうが学習者も満足し、また理解も深くなるように思われます。つまり、直

接法と媒介語を使った授業を対立させて考える必要はないのです。

なお、直接法とか媒介語を使った授業に関わりなく、「よい日本語の授業」をするためには、教師が「日本語で日本語を説明する」技量を磨くことと同時に、教師自身も（さまざまな）外国語を学んでいく努力をすることが重要なのはいうまでもありません。

2

授業の流れを追って準備する

それでは、日本語の授業の流れを追って、それぞれの場面で、どのように、どのような準備をするか考えていきましょう。

まず、その時間に（教科書の）どこからどこまでを学ばなければならないのかということをしっかり確認します。クラスを一人で担当している場合は、シラバスを確認します。チームティーチングの場合は、それに加えて、前の時間を担当する教師がやり残したところがないか、欠席した学習者がいなかったか、などを連絡簿・引き継ぎメモなどで確認しなければなりません。

その時間に学ぶ範囲を確認したら、次に授業の構成と時間配分を考えます。第8章で触れたとおり、経験が浅い教師が書く教案は、時間配分が適切におこなわれていないことが多いのですが、その理由は、授業の構成がきちんと検討されていないから、ということが多いのです。教案を書くとき、最初に考えるのは「授業全体の構成と時間配分」だということを忘れないでください。

初出項目では、初めにこれから学ぶ文型や文法項目について、その意味と使い方を学習者に理解してもらう必要があります。この作業を日本語教育では「導入」と呼びます。どのように導入をすればよいか、その方法をいろいろ考えてみましょう。

本章の初めに述べた媒介語を使う授業と直接法の授業の違いがもっとも大きく表れるのが、この導入部分です。媒介語を使えば、これから学ぶ文型の意味や使い方（使用場面）を直接、学習者に伝えることができます。学習者にとっては「わかりやすい」のですが、「説明を聞く」だけなので、学習者の印象に残りにくい、という欠点もあります。

直接法の場合は「日本語を使って日本語を教え」なければなりません。しか

し、純粋に「日本語（という言語だけ）で日本語を教える」ということは不可能に近いので、身振りやジェスチャーなどの非言語コミュニケーションを駆使することが必要になります。あるいは、黒板やホワイトボードに絵を描いて理解してもらう、という方法もありますが、とにかく教師が何らかの工夫をすることが必要です。

　経験が浅い教師は、非言語コミュニケーションによって、学習者に誤解を招かず理解してもらうことについて感覚（と技量）をまだ持ち合わせていないので、導入の方法を考えるのが授業の準備の中でも一番たいへんかもしれません。

　どうすればいいのか、見当もつかない場合は、やはり教科書に頼りましょう。教科書の中にやり方が書いてあるわけではありませんが、その文型が使われる場面のイラストが描かれていれば、それがヒントになるはずです。たとえば『できる日本語』は、その課で学ぶ文法・文型項目が使われる状況を数枚にわたるイラストで説明しています。

　あるいは、教科書に準拠した「教師用指導書」を読んでみましょう。指導書が準備されていない教科書もありますが、初級の教科書で取りあげる文型は、それほど大きく違わないので、ほかの教科書の指導書を参考にすることもできます（ただし、第1章で述べたとおり提出順序が大きく異なることはよくあります）。筆者が日本語を教えはじめたのは中国でした。何もわからない新人教師だったのですが、そのとき、前任者が置いていってくれた『新日本語の基礎』の教師用指導書にとても助けられた、という思い出があります。

　「導入」がうまくいき、クラスの全員が「わかった！」という反応を示したときが、日本語教師を始めて間もない人が、もっとも充実感を味わうときではないかと思います。さらに、初めのうち教科書や指導書に頼りっぱなしだった人が、しだいに自分自身で受け持ちのクラスにふさわしいオリジナルな導入を考えられるようになり、それが学習者に受け入れられたときに感じる達成感は、教師の成長を促す重要な要素になります。もちろん、学習者の印象にも強く残り、「忘れられない」記憶になるでしょう。

　そして、よく考えられた、わかりやすい導入ができる教師は、どんな学習者も高く評価します。言語の壁を越えて「あの先生の授業は、わかりやすい」という信頼感を持つことができれば、学習者も積極的に授業に参加しようという

第9章　教科書を道標として「授業」を作ってみよう

気になります。

　つまり、「導入」を工夫することには、教師の成長を促し、同時に教師と学習者の信頼関係を作る、という大事な働きがあるのです。

3 ···

直接法で授業をするコツ

　先ほど、直接法と媒介語を使った授業のどちらがよい、ということはいえないと述べました。それぞれにいいところがあるのですが、直接法のもっともよいところは、学習者が自ら「わかった！」という感覚を持ちやすいところにあると思います。

　媒介語を使った授業の場合、教師が日本語を「翻訳」し、「解説」してそれを学習者が「理解する」ことになるわけですが、その場合、学習者は日本語を「知識」や「情報」としてとらえることが多くなると思います。このように知識として学習項目が提示されると、それを「覚えなければならない」という義務的な、あるいは受け身の感覚になりがちなことは否定できません。

　それに対し、直接法の場合は、教師が非言語行動などで示した「ヒント」から、学習者が自分で正解を「発見」しなければなりません。そのため、授業にのぞむ学習者の姿勢は、ずっと主体的、能動的なものになります。これが、直接法のよいところだと思います。第3章で、外国語の「習得」と「学習」は異なるというクラッシェンのモニター理論を紹介しました。その理論に従うなら、媒介語を使った教師の説明は、より「学習」に近く、直接法による学習者自身による発見は、より「習得」に近いのかもしれません《➡第3章参照》。

　したがって、直接法で授業を進めるときは、導入に限らず、できるだけ学習者自身が正解を探さなければならないような工夫をしていくほうが効果的だと思います。

　たとえば、新出単語を説明するときのことを考えてみましょう。初級の初めのほうの課で出てくる単語は、翻訳すれば、すぐに理解してもらえるでしょう。たとえば「月曜日は Monday です。火曜日は……」といった調子です。

　しかし、筆者は実物のカレンダーを持っていって、それを指し示して翻訳を使わずに理解してもらいます。カレンダーを持っていけば、そのままそれを

133

使って「明日は何曜日ですか？」「来月の10日は何曜日ですか？」といった練習もできます。そのためには、部屋に貼ってあるカレンダーを外してカバンに入れなければなりません（よく忘れます）。

「リンゴ」なども対訳で簡単に説明できる語ですが、筆者は、わざわざ黒板（ホワイトボード）に絵を描いてみせて、翻訳なしに学習者が直接「わかった！」という気分を持つようにしています。ついでに「ブドウ」や「スイカ」などの絵も描いて「わかって」もらうことにしています。

このようにホワイトボードに先生が描いた（決して上手ではない）絵を見て、学習者の側から「わかった！」という気持ちになると、新しい単語を覚えることが苦痛ではなくなります。そうやって、教科書を超えて日本語の語彙を増やしていってほしい、と考えています。そのとき「くだもの」のような上位語も教えると、学習者の頭の中で語彙の整理が進む効果があるように感じます。

このように直接法で授業をするときには、どのように授業を進めれば直接法のよいところが発揮できるかをよく考え、工夫しながら教案を作っていくとよい授業ができると思います。媒介語を使う場合も、すべてを説明するのではなく、どんな場面で、どのように媒介語を使えば、学習者のスムーズな理解を助け、しかも印象に残るか、ということを考えていくことが大事です。

4 ....

どのように練習するか

さて、教師を始めたばかりのときは、導入に注意が集中しがちですが、授業の準備の中で一番たいへんなのは、導入した学習項目をどのように練習するか考えることではないかと思います。

もちろん練習についても、教科書に従って練習、タスクを順番にやっていけばいいのですが、問題は、教科書に掲載されている練習課題は、クラスにいる学習者の数に対してじゅうぶんな量がないことです。特に「代入練習」「拡張練習」「変形練習」など、何度かくりかえすことが必要な（オーディオリンガル・メソッドでおこなわれるような）練習については、足りないのが普通です。

第9章　教科書を道標として「授業」を作ってみよう

　というのも、そのようなくりかえしが必要な練習でも、教科書には、5～6問程度しか掲載されていません。それ以上掲載してしまうと教科書が厚くなりすぎるという物理的な問題があるからです。つまり教科書に掲載されているのは練習例（見本）だと考えるべきです。

　教科書に準拠した練習問題集が別に用意されている場合は、それも使えますが、それを使ったとしてもなお、よほど少人数のクラスでない限り、教師が足りない分を作成する必要があるでしょう。

　反対に、ロールプレイやクラス内でおこなうゲーム、タスクワークなど、いわゆるコミュニカティブ・アプローチで取りいれられてきた練習の場合、教科書に出ている課題と学習者の生活環境や年齢層が合っていないため、そのままではできない、と思われることもよくあります。

　たとえば、学生向けのロールプレイ（たとえばアルバイトをテーマとするロールプレイ）を社会人にやってもらおうとしたら、なんとなく雰囲気が白けてしまったりすることはよくあります。

　さらに、東京を舞台としたロールプレイが、地方の町のクラスではできない（たとえば、東京の交通事情などは、地方とはまったく違います）ということも多いのです。そんなときは、学習者の学習環境と状況に合わせて、教師が新たなロールプレイやゲームを考えていかなければ授業が進みません。

　このように、教科書どおりに練習をやっていけばいい、といっても、量と質に関して問題が生じることが多いのです。ですから、練習課題は、原則として教科書を参考に教師が作成するものだと考えたほうがいいでしょう。みなさんも受け持つクラスの状況をよく考えて、足りない練習を作りましょう。……と簡単にいっても、練習課題・問題を考えるのが、授業の準備の中で一番、時間と頭を使う作業になると思います。

5

練習問題を補充する

　ここで具体的に作業の方法を考えてみましょう。例として『できる日本語』の第5課チャレンジ1を使ってみます。ここでは過去を表現する「～ました」を学びます。

135

第3部　日本語教材を使って実践する

『できる日本語　初級　本冊』(pp. 84-85)

　このセクションの目標は、過去に自分がしたことを話せて、ほかの人が何をしたのかが聞き取れるようになることです。そして、その最初に次のような練習をします。

1　例）A：日曜日（に）、何をしましたか。
　　　　B：友達の家へ行きました。
　　　　A：そうですか。

　上のような会話例が示され、その下に［例］友達の家へ行く、①図書館で勉強する、②渋谷で友達と会う、③部屋の掃除をする、という行動がイラストで提示されています。まず「いつ」、「どこ」で（「だれ」と）「なに」をした、というパターンが作れるようになればいいわけです。
　そこで「いつ」「どこ」「なに」を追加していきます。まず、教科書で学んだことばを探しましょう。たとえば『できる日本語』では、1〜4課までに、次のようなことばを学んでいます。

［いつ］　〇月、〇日、〇曜日、〇休み（夏休み）、朝、夜
［どこ］　うち、学校、スーパー、レストラン、100円ショップ、コンビニ、会社、銀行、郵便局、病院、公園、海、教会、神社、お寺……
［なに］　〇〇します（スポーツ、サッカー、水泳、読書、料理、インターネッ

136

ト……)、行きます、帰ります、飲みます、食べます、見ます……

　これらのことば（あるいは写真やイラスト）をスライドやタブレット、ある
いはフラッシュカードなどで学習者に提示し、例のような会話を練習すればい
いわけです。そのために写真やイラストを準備する必要があります。

　クラス（学校）のそばにあって、みんながよく知っている（利用する）店や
施設、公園などを写真に撮ってきてみせると、授業が盛り上がりますし、学習
者が自分自身のことを話しはじめるきっかけになります。

　このように、補充する練習問題は、教師自身が作成することが基本ですが、
同じコースで同じ教科書をくりかえして使っているのなら、2回目以降の授業
では、すでに作成した問題を手なおししていけばよいので、準備がずっと楽に
なります。みなさんが教師として成長していくにしたがって、練習問題も精錬
され、よりよいものになっていくことでしょう。

　一方、練習問題を補充するときに、気をつけなければならないのは、さまざ
まな既成の教材の練習問題を使うことです。ほかの教科書の練習問題、あるい
はそれらに準拠して出版されている問題集を使えば、自分が苦労して作るよ
り、ずっとよい練習ができると考える人は少なくないようです。それに、何よ
りも時間と労力をずいぶん節約できます。

　それで、経験が浅い教師は、しばしば「明日は『て形』を教えるから、あの
教材とあの教材の練習問題を持ってこよう」というやり方をしてしまうことが
少なくないのですが、そのときには、じゅうぶん注意してください。

　たとえば、「て形」を使う文型の中から、初級で学ぶ「〜ています」につい
ていくつかの教科書を比較してみましょう（下線は筆者）。

初級の教科書に出現する「〜ています」

『みんなの日本語初級』

　　第14課　ミラーさんは　今　レポートを　よんでいます　（進行）

　　第15課　わたしは　京都に　すんでいます　（状態の継続）

『できる日本語』

　　第8課　私は横浜に住んでいます　（状態の継続）

137

第 3 部　日本語教材を使って実践する

第 10 課　あっ、サルがバナナを食べ<u>ています</u>　（進行）

第 11 課　毎朝、牛乳を飲<u>んでいます</u>　（習慣）

第 15 課　入り口に人がたくさん並<u>んでいます</u>　（状態の陳述）

『げんき』

第 7 課　スーさんは今勉強し<u>ています</u>。（進行）

私は英語を教え<u>ています</u>。（職業）

山下先生は結婚し<u>ています</u>。（結果の継続）

家族は東京に住<u>んでいます</u>。（状態の継続）

『大地』

第 15 課　キムさんは今　漢字を　かい<u>ています</u>。（進行）

キムさんは今　漢字を　べんきょうし<u>ています</u>。（反復・習慣）

第 20 課　サンダルを履い<u>ている</u>人はだれですか。（状態の継続）

このように「〜ています」一つをとってみても、教科書によって、どのような意味の「〜ています」を、どのような順序で学ぶか（あるいは学ばないか）ということはかなり大きく異なっています。もちろん、その取りあつかいが、教科書の学習目的と対象（学習者）、そして著作者の学習（教育）観によって決められたものであることは、いままで述べてきたとおりです。

そのため、既成の教材から練習問題を「持ってこよう」というときには、一つ一つの文の意味を検討して、いま自分が使っている教科書の授業で使えるものだけを選択しなければなりません。そうやって文を厳選していくと、結局、時間的にも手間も、自分で考えるのと変わらないくらいの時間がかかると思います。

ただし、さまざまな教科書、問題集の練習問題を注意深く検討していく過程で、いままで自分が持っていなかった新しい発想を得ることは、よくあります。ですから、ほかの教材を参照して練習問題を作ること自体は、悪いことではありません。ただ、安易に「持ってくればいい」という考え方が問題なのです。

なお、問題集の一部分をそのままコピーして使うことは、上に述べたような

138

理由からもするべきではありませんが、それ以前に著作権法に違反する行為なので、絶対にやってはいけません《➡第10章参照》。

さて、準備が終わったら、図1のような教案を作って書きこんでみましょう。授業全体の教案例は、章末の資料（pp. 142-143）を参照してください。

クラス　　　　　　　　　　初級集中クラス
本時限の目標　　　　　　　動詞の過去「〜ました」を使って自分のことを話す
学習項目　　　　　　　　　「〜ました」の導入
教科書の該当ページ　　　　『できる日本語』初級5課チャレンジ1（pp. 84〜87）

時間	項目	教師の活動	板書・スライド提示	学習者の活動	使用する教材	留意点
9:25	問題1		［いつ］、〜ましたか ［場所］で［行動］ ました			
	↓	［日時］［場所］［行動］をカードで示す		カードを見て回答： ［いつ］Vました ［場所］でVました	単語カード （既習語彙）	既習語彙の確認
	問題1の展開		学校周辺の実在の施設を見せる （スライドNo.1〜6）	写真を見て、その場所の名前を答える	学校の周辺のお店、公園などの写真 （教師が撮影）	お店の名前などを知っているか確認
9:35	応用①	質問：○○さんは、土曜日、どこで何をしましたか？		教師の質問に答えて、自分自身の［○曜日の］行動を話す		
9:45	応用②	友達が週末、何をしたか聞く： タスクシートを配って、やり方を伝える		学生同士で質問・回答をして、タスクシートに名前と［日時］［場所］を書きこむ	タスクシート （教師が作成）	
9:55	発表			聞き取ったことを発表「○○さんは、○曜日、○○にいきました」		全員が均等に答えるように教師が誘導

図1　教案に書きこんでみた例

少し前までの日本語教育では、教科書を補充するために教師が作った練習課題を学習者に見せられるようにするのも手間がかかる準備でした。フラッシュカードや絵カード、写真などをクラス全員が見えるような大きさにして準備することが簡単ではなかったからです。

絵カードや写真パネル、スライド集が日本語教材として出版社からセット販売されていたので、学校が何セットか購入したものが、教員室などに常備されていました。教師は、授業の前に、そこから必要なパネルを抜きだして教室に持っていったのですが、その時間のトピックに合ったパネルがなくて困ることもよくありました。

最近は、教室にプロジェクターが常備されていることが多く、教師の準備もパソコンでほとんど済ませることができるようになりました。画像検索ができ

るようになってからは、インターネットにある豊富な写真の中から、最適な一枚を選べるようになったので、準備は非常に楽だし、学習者の理解も深まるようになりました。

なお、（営利を目的としない）学校の教室内で、在籍している学生を対象にネット上の写真を見せることは著作権法が定める「例外的な無断使用」として許可されています（著作権法第35条）《➡第10章参照》。

ちなみに、筆者はタブレットをスクリーンに接続してスライドを提示しています。パソコンに比べてずっと軽く、かさばらず、マウスなどがいらないので楽です。

なお、こうして自分で作成した練習課題を紙に印刷し、コピーして学習者に配る人がいます。授業の後、学習者が復習に使えるように、という考えでしょうが、これはちょっと考えたほうがいいでしょう。

教室でおこなわれる練習の多くは、音声によるコミュニケーションの練習です。したがって、学習者はできるだけ音声に集中してほしいのです。しかし、たとえば、ロールプレイを使った会話練習などのとき、ロールカード（紙）を一人一人に配布すると、紙と向きあうことになってしまい、教師と学習者の、また学習者同士のコミュニケーションが途切れてしまいます。「練習」は、常にコミュニケーションのための「練習」としておこなわれるべきです。音声は、その場で消えてしまうからこそ、練習の効果が上がるのだと思います。

それを紙と向きあい他人と関係なしに一人で解くと「問題」に解答する作業になってしまいます。プリントを渡すなら「宿題」として練習が終わってから渡すべきでしょう。授業の中で紙（プリント）を使うのは、読解や作文のように「読む・書く」ことを学ぶ時間に限ったほうがいいと思います。

さて、第8章、第9章でみてきたとおり、日本語教科書を道標として、しかし、それを自分はどのように教えるか、どんな教材・教具を使おうか、なぜそんな教え方をするのか、そうするとどんな効果が生まれるか、ということを考えながら教案を作っていくうちに、みなさんは「教科書を教える」のではなく「教科書で教える」ということがどのようなことかがわかってくるはずです。もちろん、出来上がった教案が「教科書で教える」教案になっていることはいうまでもありません。そのゴールにあるのが「授業中には教科書をほとんど開かない」というベテラン教師の授業なのです。

第9章 教科書を道標として「授業」を作ってみよう

POINT

1 直接法の授業と媒介語を使う授業の間に優劣はない。クラスの条件や環境にふさわしい方法を考える。

2 直接法で教えるときは、できるだけ学習者に「発見」してもらえるやり方を考える。

3 授業の準備を始める前に全体の構成と時間配分を決める。

4 導入の方法は、初めのうちは「教師用指導書」などで学ぶ。

5 「導入」をよく考え、工夫することで、学習者の信頼が得られ、教師自身の成長が促される。

6 準備の中でもっとも時間をかけることは、練習課題の補充・作成である。

第 3 部　日本語教材を使って実践する

資料 1　よい教案例

> 「日常生活で、週末に何をしたかが話せるようになっているか」という、この教科書の目的を意識した活動が盛り込まれています。

クラス　　　　　　　　　初級集中クラス
本時限の目標　　　　　　動詞の過去「〜ました」を使って自分のことを話す
学習項目　　　　　　　　「〜ました」の導入
教科書の該当ページ　　　『できる日本語』初級 5 課チャレンジ 1（pp. 84〜87）

時間	項目	教師の活動	板書・スライド提示	学習者の活動	使用する教材	留意点
9:00	導入 1（復習）	授業の後の予定を質問する	今日の午後、何をしますか	教師の質問に答える		
9:05	導入 2	毎朝、何を食べるか質問する	朝ご飯は、何を食べますか	教師の質問に答える「ます」か「ました」かを考えて答える		
9:10	導入 3	今日の朝、何を食べたか質問する	今日の朝、何を食べましたか	視覚的な教材を用いて理解を促しています。		「〜ます」が非過去であることが理解できたか
9:20	練習	既習動詞の復習をかねて「〜ます」→「〜ました」	既習動詞のスライド（絵カード）			すべての動詞が「〜ました」になることを理解する
9:25	問題 1		［いつ］、〜ましたか［場所］で［行動］ました			
↓		［日時］［場所］［行動］をカードで示す		カードを見て回答：［いつ］V ました［場所］で V ました	単語カード（既習語彙）	既習語彙（名詞）の確認
9:35	問題 1 の展開		学校周辺の実在の施設を見せる（スライド№ 1〜6）	写真を見て、その場所の名前を答える	学校の周辺のお店、公園などの写真（教師が撮影）	お店の名前などを知っているか確認
9:40	応用①	質問：○○さんは、土曜日、どこで何をしましたか？		教師の質問に答えて、自分自身の［○曜日の］行動を話す		
9:45	応用②	友達が週末、何をしたか聞く：タスクシートを配って、やり方を伝える		学生同士で質問・回答して、タスクシートに名前と［日時］［場所］を書き込む	タスクシート（教師が作成）	
9:55	発表			聞き取ったことを発表「○○さんは、○曜日、○○にいきました」		全員が均等に答えるように教師が誘導

> クラスで共有できる話題を提供しています。

> 「よい教案例」では、日常会話を「できる」ようにするために、どのような練習を考えているでしょうか。

　この教案は、よい教案とあまりよくない教案を対照して、イメージをもってもらうために作りました。実際の授業に使うときは、もっと詳細に書きこんでいく必要があります。

142

第 9 章 教科書を道標として「授業」を作ってみよう

資料 2　あまりよくない教案例

> 「導入」例が一つしか用意されていません。

> 「説明する」のみで、どのように説明するのかが書かれていません。

クラス　　　　　　　　　初級集中クラス
本時限の目標　　　　　動詞の過去「〜ました」を使って自分のことを話す
学習項目　　　　　　　「〜ました」の導入
教科書の該当ページ　　『できる日本語』初級 5 課チャレンジ 1（pp. 84〜87）

時間	項目	教師の活動	板書・スライド提示	学習者の活動	使用する教材	留意点
9:00	新出単語	単語を読み、板書する	ふりがな付きで書いていく	単語を復唱して、ノートに書く	教科書 p. 99「1　週末」の語彙を確認	不自然な発音があったら指摘して、やりなおす
9:10	導入 ●	「〜ます」と「〜ました」の違いを説明する ●	［いつ］、〜ましたか［場所］で［行動］ました			
9:20	練習 1	練習 1 をする（指名）		「〜ます」を「〜ました」に変える	「言ってみよう別冊」第 5 課 1　練習 1	
9:23	練習 2	練習 2 をする（指名）		「〜ました」と「〜ませんでした」に変える	「言ってみよう別冊」第 5 課 1　練習 2	
9:26	問題 1〜3	いってみよう 1〜3 をする（指名）		イラストをみて週末何をしたのか答える	教科書 p. 86	助詞の使いわけ
9:30	練習 1 の展開	3 課・4 課で既習の動詞を「〜ました」にする	既習の動詞をスライドで提示する	スライドをみて、既習の動詞を「〜ました」に変える	動詞の絵カード（PDF）	
9:35	練習 2 の展開	3 課・4 課で既習の動詞を「〜ませんでした」にする	既習の動詞をスライドで提示する	スライドをみて、既習の動詞を「〜ませんでした」に変える	動詞の絵カード（PDF）	
9:40	問題 1 の展開	朝ご飯に何を食べたか質問する		教師の質問に答える		
9:43	練習 3	練習 3 をする（指名）		「〜ました。それから、〜ました」	「言ってみよう別冊」第 5 課 1　練習 3	「それから」の意味を説明
9:46	問題 4	いってみよう 4 をする（指名）		「〜ました。それから、〜ました」	教科書 p. 87	
9:49	問題 4 の展開	先週の土曜日、何をしたか質問する		教師の質問に答える		1 日のことをできるだけ詳しく話すようにうながす
9:55	聞きとり練習 ●	CD を聞いて何をしたか質問する		CD を聞いて、それぞれの人物が何をしたか答える	CD トラック：A73	

> 教科書の練習課題を順番にやっていくだけになっています。

> 「あまりよくない教案例」では、一番大切な「学習者自身の日常生活を日本語で表現する」練習がほとんどありません。

　授業に使えるような詳細な教案をみてみたい人には、本文でも引用している『教案の作り方編』（横溝・坂本 2016）をご覧になることをお勧めします。

COLUMN
教科書を使わない授業もあるの？

　本書では、日本語教育においては、教科書の存在がきわめて重要である、という観点から話を進めています。しかし、外国語教育では、教科書を使わずに教師と学習者の「対話」によって授業を進めていくことがあります《➡コラム「「先行シラバス」「後行シラバス」って何？」参照》。

　日本語教育において、このような教師と学習者、あるいは同じクラスの学習者間の対話による学びの方法を理論化したものに、細川（2002, 細川ほか2003 など）が提唱した「学習者主体の総合活動型教育」があります。

　細川は「ことばと文化はすべて学習者個人の中にある」ものであって、外からそれを与えるようなことはできないと考えています。したがって、学習者の思考と表現を引き出すための支援者として教師（ファシリテーター＝活動を順調に進行させるための支援者・助言者）は必要だとしても、教科書は必要ないと考えるのです。

　このような総合活動型教育について、あくまでも学習者中心／学習者主体に授業を組み立てていく、というその考え方に共感する日本語教育関係者は少なくありません。しかし、それを実際に実践しているという話は、あまり聞いたことがありません。筆者（本田）は、何度か「総合活動型」の教育活動を実践している教師（ファシリテーター）に話を聞いたことがあるのですが、授業の道標として教科書を使う先行シラバスの授業と比較すると、担当する教師の経験や個性が強く出てしまうように感じました。そのため、常に同じ内容、レベルの授業を提供することが求められる日本語学校などでは、実施することが難しいのではないでしょうか。

　ただ、細川・武編著（2012）では、教科書を使う授業の中に週1回「活動型クラス」を並行して実施するコースを提案しています。学習者が主体となる「活動型クラス」が持つ学習効果は、多くの教師が認めていますから、このような両者の長所を生かすハイブリッド（複合）型のプログラムが普及していく可能性はじゅうぶんにあるように思われます。

第10章

教科書を使うときの「権利」と「義務」について考えよう

アクティブ・ラーニングのための ▶ ▶ ▶ プレタスク

◆「著作権」について、あなたが知っていることをまとめてみてください。そして、日本語教科書を授業で使うことと著作権について考えてみてください。

◆日本語の専門書店・凡人社のWebサイトには、毎月、日本語教育関連の新刊書を紹介する「凡人社通信」が掲載されています。過去1年分の「凡人社通信」にアクセスして、1年間にどのぐらいの日本語教育の教科書、問題集、参考書が刊行されたのか統計をとってみてください。
<http://www.bonjinsha.com/>

　この章では、いままでと少し異なった観点から「教科書」に関する話をしていきたいと思います。一つは、教科書の「正しい使い方」についての話です。ここでは「著作権」をキーワードに教科書の「正しい使い方」を確認し、それがなぜ重要なのか考えていきます。もう一つは、教科書の「寿命」という話です。教科書は日本語教育の発展とともに新しくなっていきます。みなさんも教科書のあり方を考えることで、日本語教育の未来を担っていってほしいと思います。

第3部　日本語教材を使って実践する

1

教科書を授業に使う権利

　現在の日本語教育では、多くの教育機関で教科書を使って授業を進めています。これまでお話ししてきたように、入門・初級レベルのクラスでは、教科書を選定することによって、コース、カリキュラムの進行と各授業時間の内容の大枠が決まるというケースが多いのではないかと思います。結果として教科書は、日本語教育の実施、実践に当たってきわめて重要な役割を担っているわけです。

　しかし、現在の日本語教育においては、このような教科書の重要性、つまり、教科書や教材の価値がじゅうぶんに認識されていないのではないかと思います。たとえば、みなさんは「授業に教科書を使ってもよいのはなぜか」ということを考えたことがあるでしょうか。つまり「教科書を使う権利」です。

　実は、教科書は自由に使ってよいわけではありません。教科書は「著作権法」という法律によって、その権利が守られている「著作物」の一種ですから、だれでも自由に使用できるものではないのです。

　著作物を使うことができるのは「著作権者の許可を受けた人だけ」です。つまり、教科書を使って授業をし、あるいは、学習することができるのは、許可された人だけなのです。では、どのようにすれば、教科書の使用が許可されるのでしょうか。

　一般に著作物の使用には、対価（つまり使用料）が決められていて、それを支払えば使用が認められます。その料金を著作権料といいます。

　著作権料の金額や使用条件は、著作権者が自由に決めることができます。たとえば、著作権者が「使用料は無料です」と宣言すれば、その著作物は無料で使用できます（著作権フリー）。また、使用する場所や方法を制限して一部分だけを無料とすることなどもできます。

　といっても、出版された書籍の場合、著作者と使用者が直接、金銭のやりとりをすることはありません。書籍などの著作権料は、一般的に「印税」と呼ばれますが、出版社が教科書を出版する際、著作者と交渉して印税の額を決め、出版社は印税を含んだ書籍の販売価格を定めます。つまり、教科書は、それを購入すると同時に著作権料の支払いがおこなわれ、購入者に使用権が与えられ

146

るという仕組みになっているのです。

したがって、教科書を使うことができるのは、「著作権料を支払った人」＝「教科書を買った人」だけです。ですから、教科書を使って授業をするときには、クラスの教師と学習者の全員が教科書を持っている必要があります。

なお、教科書を学校が購入して教師や学習者に貸与する場合（学校図書館で貸しだす場合を含む）や、古本屋で購入した場合には、違法とはなりません。

著作権の中には「貸与権」というものが含まれており、著作物を著作者に無断で公衆に貸与することは禁止されています。しかし、定員が定められた学校に在籍している学習者（＝正規学生）は、「公衆」には当たらないと考えられています。また、書籍の譲渡に関しては「消尽」という概念があり、古本屋で購入しても、そこで再度、著作権料が発生することはありません。

したがって、厳密にいえば「だれかが一度正規に購入した教科書を、クラスの全員が持っている」ことが、教科書を使って授業をするための必須条件です。もちろん複製（コピー）ではなく、全員が原本を持っていなければなりません。

2

教科書の著作権

では、教科書の著作権とは、どのようなものか具体的に考えていきたいと思います。少し細かな話になりますが、日本語教師にとって重要なことなので記憶にとどめておいてください。

まず、教科書の「記述」（文字で書かれていること）ですが、これには著作物であると認められる部分と、著作物とは認められない部分があります。

たとえば、ある教科書の第1課に「はじめまして。わたしは日本人です。金沢大学の学生です。」という例文が掲載されていたとします。この例文は著作物でしょうか。

著作物とは、「思想又は感情を創作的に表現したものであって、文芸、学術、美術又は音楽の範囲に属するもの」（著作権法第2条1号）と定められています。

上の文は、いずれも「わたし」に関する客観的な事実を述べたにすぎず、

「思想又は感情を」及び「創作的に」という点で著作物であるとは認められません。仮にこの文に著作権が認められるとすれば、金沢大学の日本人学生は自己紹介をするたびに、この教科書の著作者に著作物の使用許可を得なければならない、ということになるのですが、常識的に考えても、それがちょっとおかしいことはわかると思います。

初級日本語教科書の場合、このような著作物とはいえないような記述が少なくないだろうと思います。たとえば、文型を学ぶための「例文」などは、ほとんど著作物にならないでしょう。日常的にだれもが使っているような基本的な表現が例文として選ばれるのだから当然のことです。

著作権法は第10条で「著作物」の例示をしています。その最初に「小説、脚本、論文、講演その他の言語の著作物」とあるのですが、教科書の中でも、ある程度の分量やストーリーを持つ「本文」「会話」や「読解」教材に関しては、この「創作」性を有する「言語の著作物」と認められる可能性がやや高くなると思われます。

ある言語表現が著作物に当たるかどうかは、裁判所の判断（判例）がなければ正確に決められないのですが、「思想又は感情を」「創作的に」という点が判断のポイントになります。

また、教科書には、記述（文字による表現）以外にさまざまな著作物が掲載されています。イラストには、描き手の個性が必ず表れますから、その内容にかかわらず著作物になります。写真も同様です。なお、写真の場合は、撮影者が著作権者になります。さらに、CDやWebサイト上に収録されている音声なども著作物です。これらのものは、それぞれ「創作的」である、つまりオリジナリティが高いと認められる可能性がきわめて高いからです。

そして、このようにさまざまな要素がまとまって作られた教科書全体がさらに「編集著作物」という種類の著作物であると認められます。これは「編集物（略）でその素材の選択又は配列によって創作性を有するものは、著作物として保護する。」（第12条1項）という条文によります。新聞や雑誌、辞書などが代表的な編集著作物ですが、もちろん日本語教科書にも適用されます。

つまり教科書は、その全体が「編集著作物」として著作権を持ち、さらにその内容の一部分（会話や読解教材、イラスト、写真、音声など）が「（創作的な）著作物」として著作権法で保護される対象となります。

第10章 教科書を使うときの「権利」と「義務」について考えよう

3

補助教材や問題集の著作権

　このように、教科書は著作物として法律で保護されています。著作権法に違反して使用すると「10年以下の懲役もしくは1,000万円以下の罰金」という罰則が科せられ、さらに著作権者の損害賠償請求を受けることになります。したがって、気軽に教科書をコピーして学習者に配布し、授業で使うなどということは決して許されません。

　ところが、ここで意外と見落とされがちなのが、同じ著作権が補助教材や問題集にもある、ということです。つまり、授業中に問題集や補助教材を使う場合、その問題集や補助教材もクラスの教師と学習者全員が購入して持っている必要があります。

　学習者が授業で使っている教科書を持っていないということはあまりないと思うのですが、問題集を持っていないケースは、かなりあるのではないかと思われます。学校で購入した問題集を教師が授業の進度に応じ、その都度、コピーして学習者に配布している、というようなケースです。

　そして、このようなときに「言いわけ」として使われることが多いのが、著作権法の第35条です。その条文は「学校その他の教育機関（営利を目的として設置されているものを除く。）において教育を担当する者及び授業を受ける者は、その授業の過程における使用に供することを目的とする場合には、必要と認められる限度において、公表された著作物を複製することができる。」というものです。

　筆者（本田）も日本語教師になったばかりのころ「こういう法律がある」と何度か聞かされ、結果として「学校の授業で使うときは、コピーすることが許される」と思い込んでいました。しかし、この第35条には、さらに続く部分があるのです。その続く部分とは、次のとおりです。

　「ただし、当該著作物の種類及び用途並びにその複製の部数及び態様に照らし著作権者の利益を不当に害することとなる場合は、この限りではない。」

　つまり、著作物の種類と用途によっては、教育機関でもコピーして使用することができません。問題集やドリル、練習帳など、一人一人が購入して「授業の過程で」使用することを前提に出版・販売されている著作物をコピーして使

用することは、明らかに「著作権者の利益を不当に害する」行為に当たります（問題集にも、もちろん印税が発生しています）から、違法行為となるのです。

なお、このようなコピーに関して「一度に全ページをコピーして配布しなければよい」とか「必要な課（たとえば一つの課）だけを使うなら違法にならない」という人もいますが、これも誤りです。たくさんの商品がある店で「一つぐらいなら問題ない」と考えて万引きすることが許されないのと同じことです。

結局、日本語教育の授業においてこの第35条が適用されるのは、いわゆる「レアリア（生教材）」として、「（日本語）教育」に使うことを想定せずに発表された、①新聞、雑誌の一部（記事）や小説、エッセイなどをコピーして読解授業に使う、②テレビのニュースやドラマ、音楽を聴解練習に使う、さらに、③実物の画像（写真など）を学習者たちに見せて理解を助ける、といった場合に限られる、といってよいでしょう。

また、第35条は「営利を目的として設置されている」学校その他の教育機関には、適用されません。そこで、公立学校、学校法人やNPO法人が設置する学校・教室だけに適用されることに注意してください。株式会社や合同会社が運営している（日本語）学校には、適用されません。

4

教科書の著作権を尊重することの重要性

前節では、著作権法によって教科書や教材が守られている、という視点から話をしてきました。ずいぶん厳しい規則だと考えた人もいると思います。しかし、著作権を尊重することは、教科書を守るだけではなく、もっと広く、未来へ向けて日本語教育の進歩と発展を守るためでもあるのです。

本書の第4章から第6章にかけて、「日本語教育」と一口にいっても、さまざまな学習者、学習目的があり、それに合わせて多種多様な教科書や教材があることをお話ししてきました。そして、出版されているさまざまな教科書から、その内容を分析し、自分が担当する学習者に最適の一冊を選択する方法を学んできました。

本章のプレタスクでは、1年間に刊行された日本語教育関係書籍の統計をとってもらいましたが、おそらくほとんどの人は、その多さと内容の多彩さに

第 10 章　教科書を使うときの「権利」と「義務」について考えよう

驚いたのではないかと思います。

　これは、さまざまな日本語教育の現場に合わせて、さまざまな種類の教科書が必要であることを意味しています。また、実際にそれだけの教科書、教材が出版されているわけです。このように数多くの著者・編集者が多種多様な目的を持って数多くの教科書を制作すること、さらにそれらの教科書が広く社会に流通しているということが、日本語教育にとって非常に重要なことなのです。

　第3章で触れたように、教科書の著作者は、日本語教育の現場にいる日本語教師であることがほとんどです。著作者が教科書の必要性を感じ、それを企画し、原稿を書かなければ教科書の制作は始まりません。

　しかし、さらに重要なのは、その教科書を編集し、出版し、配本する人たちの存在です。教科書が書籍という形になるまでには、レイアウトを決め、イラストや写真を入れ、さらに音声データを用意するなど、数多くの作業が必要です。これらの仕事を著作者である日本語教師がすべておこなうわけではありません。出版社の編集者がプロデューサーとなり、それぞれの分野のプロに作業を頼まなくては教科書が「かたち」になりません。また、出来上がった教科書を宣伝広報し、取次や書店を通して日本語教育の現場に届けることも、日本語教師にはできない仕事です。このような仕事、つまり、著作者の原稿にさまざまな要素を加えて編集作業をおこなって教科書という「かたち」を作り、さらにそれを流通させるという仕事をおこなっているのは、出版社です。教科書の発行には、出版社の存在が不可欠なのです。

　前節で、著作者には教科書作成の報酬として印税が支払われると述べましたが、その金額は、執筆の労力に比べて多いとはいえません。それができるのは著作者が専業のライターではなく、日本語教師が兼業でおこなっているからだといっていいと思います。もしかすると、現場の日本語教師が、教科書の価値をじゅうぶんに認識できないのは、同じ仲間が作ったものだから、という気安さがあるのかもしれません。

　これに対し、出版社は書籍を出版し、それを販売することによって利益を出し、経営されています。つまり、日本語教育の現場が、教科書や教材をコピーしてしまうことによって大きな打撃を受けるのは、著作者よりも、むしろ出版社だといえるのです。

　しかし、出版社が一定の売り上げを確保できず、経営が成り立たなくなって

151

しまえば、教科書を出版し、流通させることができなくなります。さらに、最初から利益にならないとわかっているような日本語教育関係の仕事をする出版社がなくなってしまうかもしれません。そのとき、存亡の機に直面するのは、日本語教育の現場であることはいうまでもありません。

これまで本書では、教科書や教材の電子化についても触れてきました。筆者たちは、教科書が近い将来、電子化されることは考えにくいのではないか、と考えているのですが、それ以外の教材などは、すでにフラッシュカード、イラストや写真などを電子ファイルにして、プロジェクターとスクリーンで提示する教師（教室）が一般化しつつあります。さらに、中級レベルのクラスでは、スマートフォンを辞書として使ったり、資料を調べたりするのに使うことも多くなっています。

ですから、教科書の電子化も意外に早く進むかもしれません。しかし、電子化された場合でも、現在の出版社がしているような仕事、すなわち教科書を使いやすくデザインし、宣伝広報し、配信する仕事が必要です。現在、情報技術の進展にともなって著作権のあり方も大きく変化していますが、今後、どのような変化が起きても、著作権を守ることの重要性は変わりません。

つまり、日本語教師は、教科書や教材を著作し、制作・流通させることによって、日本語教育を支えてくれている人たちのことを常に考え、彼らの仕事と権利を守っていかなくてはならないのです。

著作権が日本語教育の現場でしっかり守られていなければ、教科書や教材の流通が滞り、日本語を教えることが困難になってしまいます。新たな学習目的を持つ学習者が現れても、彼らのために使えるような新しい教科書を出版することができない、という事態になりかねません。

このように考えていくと、著作権を守るということは、単純に「法律に違反してはいけません」ということではなく、日本語教育が続けられる環境を日本語教育関係者自身が維持していくために大切なことなのです。

5

教科書の変遷に見る日本語教育の理念

第4章で日本語教科書の歴史について学びました。そこで見てきたとおり、

第10章　教科書を使うときの「権利」と「義務」について考えよう

　教科書は時代の変化とともに、移り変わっていくものです。では、一冊の教科書が使われる期間、つまり、教科書の「寿命」というのは、どのぐらいなのでしょうか。

　それは教科書によっても、また時代によっても異なるために、簡単にいうことはできないのですが、おそらく、みなさんが考えているより短いだろうと思います。

　筆者が初めて大学院に進学したときの恩師の一人は、国際交流基金が作成した『日本語初歩』という教科書の作成に携わった先生でした。

　この教科書が作られたのは1981年でした。当時は、インターネットが普及する前で、日本語の教材を海外で入手することが非常に難しい時代でした。そんな時代に『日本語初歩』は、国際交流基金によって作られ、世界中の日本語教育機関に寄贈されたのです。筆者も大学院に入学する前に、ヨーロッパのある国の日本語教育機関でこの教科書を使った経験があります。つまり『日本語初歩』は、一時期、日本語の標準的な教科書として、世界中で使われていたのです。

　筆者の恩師は、授業中、その制作過程について何度か話してくれました。それは、日本語の文法を論理的に、しかも綿密に考察したうえで作られた教科書だということがよくわかりました。

　その後、2008年になって、筆者はもう一人の恩師の下で『徹底ガイド　日本語教材』という日本語教科書の解説書を執筆することになりました。その解説書の中で『日本語初歩』は「古典的教材」というコーナーに掲載されることになりました。2008年には、すでに「過去の教科書」という扱いになっていたのです。

　調べてみると、国際交流基金と凡人社（出版社）が、同書を絶版としたのは、その4年後の2012年9月なのですが、筆者の記憶では2000年代に入ってからは、もうほとんど使われていなかったと思います。つまり『日本語初歩』の寿命は20年以下だったのです。

　『日本語初歩』という教科書は、国際交流基金という公的機関が、当時の日本語教育の第一人者たちに制作を依頼して作った教科書です。そのような教科書でも、20年以下しか使われなかったわけです。

　一方、日本語教科書の中には、20年以上使われ続けているものもあります。

153

第 3 部　日本語教材を使って実践する

　現在、使われている教科書の中で、だれもが長寿の教科書であると認めるのは
『みんなの日本語初級』でしょう。この教科書のルーツとなった『日本語の基
礎』が出版されたのは、『日本語初歩』が刊行される 7 年も前の 1974 年です。
しかし『みんなの日本語初級』は、現在も広く使われ続けています。

　しかし、この教科書は、いままでに 3 度の大きな改訂を経てきています。ま
ず、1990 年には、書名も『新日本語の基礎』に変更する大改訂がおこなわれ
ました。さらに 1998 年に『新日本語の基礎』から発展したもう一つの教科書
として『みんなの日本語初級』という教科書が出版されました。そして、2012
年には『みんなの日本語初級』の第 2 版が出版されています。

　一連の改訂作業を比較対照していくと、シラバスには大きな変更がなく、各
課の構成もそれほど変化していません。しかし、例文などが、時代と学習対象
者に合わせて大きく書き換えられていることがわかります。

　このような時代に合わせて大きく適切に更新作業がおこなわれてきたこと
が、『日本語の基礎』から『みんなの日本語初級』へ続いた長寿の理由だと思
います。したがって、改訂作業を続けない限り、一冊の教科書が使われる期間
は 20 年にも満たない、という推測は正しいように思われます[1]。

　教科書の寿命が、20 年程度である理由は、次の 2 点です。第一に、これは
いうまでもないことですが、日本と世界の社会情勢、科学技術や流行が次々に
変化していくことです。特に社会情勢の変化とともに、日本語を学びたいと考
える人たちの出身地、年齢層、学習目的、学習方法などが、劇的に変化してい
きます。これまでいなかったような学習者が、これまでやらなかったような学
習法で学びはじめたとき、既成の日本語教科書が時代遅れのものとして役に立
たなくなるのは、当然のことといえるでしょう。

　それとともに、第 1 章でも触れましたが、日本語教育の学習観や理念が変化
していくことが挙げられます。「日本語教育の理念」などというものは、永遠
に変わらない真理のようなものだと考える人もいるかもしれません。しかし、
教育理念は、時代とともに大きく変化していくものなのです。

　たとえば、1990 年ごろまでの日本語教師は、どのような文法や語彙を、ど
のような順序で学習者に教えれば効率的に教育ができるか、ということを考え

1　ただし『新日本語の基礎』は『みんなの日本語初級［第 2 版］』とともに現在も販売されて
　います。

154

第10章　教科書を使うときの「権利」と「義務」について考えよう

ていました。つまり、日本語教師は「日本語」に強い関心を持って教育に当たっていたのです。

『日本語初歩』は、そんな時代に作られました。したがって、同書は、日本語の文法（文型）を易しいものから難しいものに配列し、それを順番に習得していくということを重視して作られています。実際、筆者が恩師から聞いた編集過程の話も、文法的な考察に関する話ばかりでした。

16.　雨が　ふって　います

きょうは　天気が　わるいです。
朝から　雨が　ふって　います。
朝から　風も　ふいて　います。

まだ　雨が　ふって　いますか。
はい，　まだ　雨が　ふって　います。
まだ　風も　ふいて　いますか。
いいえ，　もう　風は　ふいて　いません。

人が　歩いて　いますか。
はい，　人が　歩いて　います。
みんな　かさを　さして　歩いて　いますか。
はい，　みんな　かさを　さして，　歩いて　います。

ジョンさんは　今　うちに　いますか。
はい，　います。
ジョンさんは　今　何を　して　いますか。
ジョンさんは　今　しょくどうで　しょくじを　して　います。
ラタナーさんは　今　何を　して　いますか。

『日本語初歩』（p. 127）

上に示した16課の本文をみてもらえばわかるとおり、この教科書の本文は

155

第3部　日本語教材を使って実践する

「一見会話のような形をとっているが、よく見るとどんな場面で、どんな人
が、どんな意図で話しているかよくわからない」（吉岡編著 2008, p. 23）ので
す。つまり、この教科書は、「どのような人が学ぶのか」（＝学習者）というこ
とに興味がないように思われます。

4.　　言いかえ

(1)

　れい　　わたしは　先生です。→　わたしは　先生を　して　います。

①　わたしは　いしゃです。

②　わたしは　せいふの　やくにんです。

③　わたしは　びょういんの　かんごふです。

④　わたしは　学校の　校長です。

⑤　わたしは　会社の　社長です。

(2)

　れい　　きょうは　天気が　いいですか。→　いいえ，　きょうは　天気は
　　　　　よくないです。

①　きょうは　天気が　わるいですか。

②　今　雨が　ふって　いますか。

③　今　風が　ふいて　いますか。

④　今　ひこうきが　とんで　いますか。

⑤　今　鳥が　ないて　いますか。

⑥　今　電車が　走って　いますか。

『日本語初歩』（p. 132）

　練習問題についても同じようなことがいえます。上に示したのは、同じ16
課の練習問題です。(1) は「N です」を「N をしています」にいいかえる、
(2) は、「V ていますか」という質問を否定する回答をする、という練習です。

　(1) には「（わたしは）医者」「政府の役人」「病院の看護婦」（当時は「看護
師」という名称がまだ使われていなかった）「学校の校長」「会社の社長」な
ど、この教科書を使って学ぶ学習者があまり使わないのではないかと思われる
職業・職位が並んでいます。

　(2) についても、①～③の天気については、このような会話をする可能性

第10章　教科書を使うときの「権利」と「義務」について考えよう

がある（電話などで相手がいる場所の天気を聞く場合）かもしれませんが、④〜⑥については、このような会話がおこなわれるシーンがちょっと想像できません。

つまり、これらの練習問題は、完全に文法の習得に焦点を絞っており、それをだれが、どのように、なぜ、いつ使うのかということは、まったく考えられていないのです。

本文や練習問題にどこで使うのかわからない文が並ぶのは、全世界で使える汎用教科書を作る、という作成目的からきた意図的なものだったのかもしれません。つまり、特定の状況に依存しない完全に中立的な教科書を作る、という作成目的です。

しかし、どのような人がこの教科書を使って学ぶのか、ということを（あえて？）考えずに作成されたこの教科書が発行されてほどなく、日本語教育に大きなパラダイムシフト、つまり「教育理念」の変化が起きました。

それは「日本語中心の日本語教育」から「学習者中心の日本語教育」へという変化でした。2000年ごろまでに日本語教師の主たる関心が、「日本語」から「学習者」に移っていったのです。その変化は、日本語教育学会の学会誌『日本語教育』に収録された論文の傾向などからもはっきりとみてとることができます（本田・岩田・義永・渡部 2019）

そのため「学習者」のことを意識せずに作られた『日本語初歩』は、あっという間に時代遅れの教科書になってしまったのでした。

『日本語初歩』が使われなくなった一方、『みんなの日本語初級』が使い続けられている理由もこの点にあると考えられます。『みんなの日本語初級』のルーツである『日本語の基礎』という教科書は、海外技術者研修協会（AOTS:現「海外産業人材育成協会」）により、国際協力の一環として来日する技術研修生のために作成されました。つまり、作られたときから、どのような人が何を学ぶために使う教科書か、ということを強く意識して作られたのです。やがて、使いやすい教科書だという評判が高まり、日本語教育の理念が学習者中心に変わるころには、広く一般の学習者にも使われるようになっていました。

しかし、一般の学習者にも使用範囲が広がるにつれて、技術研修生を想定して作られた場面などに違和感があるという声も上がりはじめました。つまり、当初、教科書が想定していた学習者とは異なる人たちが使いはじめたので、そ

第3部　日本語教材を使って実践する

こにずれが生じたのです。

　そこで、『新日本語の基礎』の発展形として使用者（学習者）のターゲットを広げた『みんなの日本語初級』という教科書が作られました。このように『新日本語の基礎』も『みんなの日本語初級』も、学習者を強く意識して作られた教科書なのです

　この特徴が、1980年代から1990年代にかけて、日本語教育の理念が文法中心から、学習者中心に変化していく時代に合っていました。それに加えて、適切な改訂がおこなわれたことが『みんなの日本語初級』の長寿の理由だと思われます。

　つまり、教科書は、それ自体の内容の良し悪しにかかわらず、日本語教育の理念や、日本語教育を必要とする日本社会の状況の変化とともに更新されていかなければならないものなのです。

　いいかえれば、日本語教育は常に新たな教科書を必要としているのです。新しい日本語教育の理念にもとづいた、新しい教科書が出版されることがなくなれば、日本語教育という産業が衰退する危険さえあるのです。

6

みなさんが日本語教育のためにできること

　この本では、これから日本語教育の世界に入る初心者や、まだ経験が浅い日本語教師を対象に、現在、刊行されている日本語教科書の中から、教科書分析と、その教科書を道標として授業を作っていく方法を話してきました。

　しかし、いまある日本語教科書にも、やがて寿命がくることでしょう。その寿命は、20年程度です。20年という期間は、決して短い期間ではありません。しかし、20年以上続けて日本語教育に従事している日本語教師は、少なくありません。ということは、みなさんが日本語教育に関わっているうちに、いつか、いまクラスにいる学習者のために使いたいと思える教科書がないという日が来る可能性が高いわけです。

　第8章で、教科書は「実際に特定の教育機関で試用され、そのフィードバックにもとづいて改稿された後に、出版にいたったというケースが多い」とお話ししました。このように、現在、市販されている日本語教科書のほとんどが、

158

第10章　教科書を使うときの「権利」と「義務」について考えよう

日本語学校や大学の語学センターなど、教育実践の現場において、現役の日本語教師によって作られたものです。つまり「いまクラスにいる学習者のために使いたいと思える教科書がない」と考えた教師たちがチームを組んで新しい教科書を作り上げる、というケースが多いのです。

　本書で日本語教科書の分析方法と使い方を学んだみなさんの中には、いつの日か、教科書を「作る」側に回る人もきっといるだろうと思います。また、さらには現場で使っている教科書に不足する部分を補うための教材などを出版する人もいるかもしれません。

　こうして、その時代における日本語教育の理念を反映した教科書が、新たに作られ、その次の時代の日本語学習者と教師を支えていくのです。これから、日本語教育に関わろうとしているみなさん、そして、日本語教師として歩みはじめたみなさんが、その作業に積極的に関わって、新しく作成することになる日本語教科書が、次の時代の日本語教育をより発展させていくことに期待したいと思います。

POINT

1　日本語教科書やそれに準拠した教材などを「使う権利」は、著作権法によって定められ、保護されている。

2　日本語教師は、日本語教育を存続、発展させるために著作権を守らなければならない。

3　教科書は、社会の変化、日本語教育観の変化により、20年程度で更新されていく。

4　社会の変化、日本語教育観の変化に合った新しい教科書を作っていくことも、日本語教師の重要な仕事である。

おわりに

　教科書を使わなくても日本語を教えることはできますが、圧倒的多数の日本語教育機関では、教科書を使って教えています。したがって「教科書をじゅうぶんに使いこなして授業ができる」ことは、日本語教師が身につけるべき必要最小限の条件だと思います。

　ところが、教科書で日本語を教えることが、あまりにも当たり前のこととなっているせいか、多くの日本語教師の関心は、ピアラーニングや総合活動型授業、対話型クラスなど、新たに提唱される「教科書を使わない授業の可能性」に向かっているように思います。

　新たな日本語教育の手法を開発していく役割を持つ大学の日本語教師には、特にその傾向が強く、そのためか「教科書」についての研究論文は非常に少ないのです。その数少ない論文も、教科書の記述（内容）について論じたものが多いのではないかと思います。

　しかし、本書第2章でも述べたとおり、教科書は日本人の会話をそのまま写したものではありません。教科書の全体構成を考慮せずに、内容の一部分のみを取りあげて論ずるのは、あまり意味がないように思われます。

　さらにいうと、教科書は常に授業の中で使われるものですから、文芸書のように「書籍」として分析・評価することにも問題があります。授業の中でどのように使うか、使えるか、という「授業とのつながり」を考えながら分析・評価をしなければなりません。

　筆者（本田）の恩師であった吉岡英幸先生は、「現実には、ほとんどのクラスで教科書を使った授業がおこなわれているのに、教科書とそれを使った授業の研究は進んでいないという状況には問題がある」と常々いっておられました。その状況を変えようと、2016年に出版されたのが『日本語教材研究の視点 —新しい教材研究論の確立をめざして—』（吉岡・本田編、くろしお出版）です。

　この書籍に続き、これから日本語教育に関わっていくことを考えている人たちに向けて、日本語教科書の意味や分析方法、そして、授業の中での使い方を詳しく解説した「日本語教科書の教科書」を書きたいと考えているとき、「は

じめに」にあるとおり、金沢大学の深澤から代講の依頼を受けました。その準備のため二人で話をしているうちに、互いに同じような考えを持っていることがわかり、共著として本書の出版を構想しはじめたのです。

まさにそのころ、2017年9月のことでした。吉岡先生が急逝なさった、という悲報を受けとりました。先生は、その2週間前に拙宅を訪問してくださったのですが、その折、「本田さんは、いま、まとまった仕事をする時期にきているのだからがんばりなさい」とおっしゃったのです。普段、学生を指導するときに、ほとんど「がんばれ」とはおっしゃらない吉岡先生が、このときめずらしく「がんばれ」といったことを、不思議に感じました。そして、それが先生の最後のご指導になりました。

本書の編集をしてくださった坂本麻美さんは、吉岡先生の研究室の後輩に当たります。ここに、深澤の快諾を得て、坂本さんとともに、本書を教え子の「がんばり」の一端として、吉岡先生にささげたいと思います。

吉岡先生、本当にありがとうございました。

参考文献

岡崎俊雄（2004）『日本語教育の教材 ―分析・使用・作成―（NAFL選書）』アルクオンデマンド

グリフィン，P.・マクゴー，B.・ケア，E.（編）（2014）『21世紀型スキル ―学びと評価の新たなかたち―』（三宅なほみ監訳）北大路書房

佐々木泰子（2007）「異文化接触と日本語教育」佐々木泰子（編）『ベーシック日本語教育』（p. 9）ひつじ書房

関正昭（1997）『日本語教育史研究序説』スリーエーネットワーク

関正昭・平高史也（編著）（2015）『教科書を作る（日本語教育叢書「つくる」）』スリーエーネットワーク

千野栄一（1986）『外国語上達法』岩波書店

日本語教育学会（編）（2005）『［新版］日本語教育事典』大修館書店

細川英雄（2002）『ことばと文化を結ぶ日本語教育』凡人社

細川英雄・NPO法人「言語文化教育研究所」スタッフ（2003）『考えるための日本語 ―問題を発見・解決する総合活動型日本語教育のすすめ―』明石書店

細川英雄・武一美（編著）（2012）『初級からはじまる「活動型クラス」―ことばの学びは学習者がつくる―』スリーエーネットワーク

本田弘之（2016）「「教科書で教える」とはどういうことか ―これからの日本語教材研究―」吉岡英幸・本田弘之（編）『日本語教材研究の視点 ―新しい教材研究論の確立をめざして―』（pp. 195-224）くろしお出版

本田弘之・岩田一成・義永美央子・渡部倫子（2019）『［改訂版］日本語教育学の歩き方 ―初学者のための研究ガイド―』大阪大学出版会

横溝紳一郎・坂本正（監修・著）（2016）『教案の作り方編（日本語教師の7つ道具シリーズ＋（プラス））』アルク

吉岡英幸（2016）「日本語教材の歴史的変遷」吉岡英幸・本田弘之（編）『日本語教材研究の視点 ―新しい教材研究論の確立をめざして―』（pp. 2-25）くろしお出版

吉岡英幸（編著）（2008）『徹底ガイド 日本語教材』凡人社

Wiggins, G. & McTighe, J.（2006）*Understanding by Design*（2nd Edition.）. Alexandria, VA: Association for Supervision and Curriculum Development ASCD.

国際交流基金「海外日本語教育機関調査」<https://www.jpf.go.jp/j/project/japanese/survey/result/index.html>（2019年11月11日閲覧）

文化庁「日本語教育実態調査等」<http://www.bunka.go.jp/tokei_hakusho_shuppan/tokeichosa/nihongokyoiku_jittai/index.html>（2019 年 11 月 11 日閲覧）

久保田美子（2012）「第 15 回　中級・上級を教える」「日本語教育通信　日本語の教え方　イロハ」<https://www.jpf.go.jp/j/project/japanese/teach/tsushin/archive/iroha/201210.html>（2019 年 11 月 11 日閲覧）

掲載教科書

『［改訂版］大学・大学院留学生の日本語　（4）論文作成編』アルク

『技能実習生のための日本語　みどり』JITCO（国際研修協力機構）<https://hiroba.jitco.or.jp/categories/index/1>（2019 年 11 月 11 日閲覧）

『協働で学ぶクリティカル・リーディング』ひつじ書房

『こどものにほんご 1 ―外国人の子どものための日本語―』スリーエーネットワーク

『上級へのとびら ―コンテンツとマルチメディアで学ぶ日本語―』くろしお出版

『詳説世界史 B ［改訂版］』山川出版社

『初級日本語　げんき I ［第 2 版］』ジャパンタイムズ出版

『［新装版］はかせ 2 ―留学生の日本語初級 45 時間―』スリーエーネットワーク

『［新版］ロールプレイで学ぶ　中級から上級への日本語会話』凡人社

『新編　新しい科学 2』東京書籍

『新編　あたらしいこくご　一上』東京書籍

『新日本語の基礎 I　本冊［漢字かなまじり版］』スリーエーネットワーク

『新日本語の基礎 II　本冊［漢字かなまじり版］』スリーエーネットワーク

『台湾適用会話入門』冬至書房

『つなぐにほんご　初級 1』アスク

『できる日本語　初級　本冊』アルク

『日本語おしゃべりのたね［第 2 版］』スリーエーネットワーク

『日本語初級 1　大地　メインテキスト』スリーエーネットワーク

『日本語初歩』国際交流基金（販売：凡人社）

『にほんご宝船 ―いっしょに作る活動集―』アスク

『はじめて学ぶ介護の日本語　基本のことば』スリーエーネットワーク

『人を動かす！　実戦ビジネス日本語会話　中級 1』スリーエーネットワーク

『標準日本語読本　巻一［再訂版］』長風社（販売：開拓社）

『毎日の聞きとり 50 日　上［新装版］』凡人社

『まるごと　日本のことばと文化　初級 2（A2）かつどう』三修社

『まるごと　日本のことばと文化　入門（A1）かつどう』三修社

『みんなの日本語初級Ⅰ［第2版］絵教材 CD-ROM ブック』スリーエーネットワーク

『みんなの日本語初級Ⅰ［第2版］本冊』スリーエーネットワーク

『みんなの日本語初級Ⅱ［第2版］本冊』スリーエーネットワーク

『みんなの日本語中級Ⅰ　本冊』スリーエーネットワーク

『留学生のための漢字の教科書　初級300［改訂版］』国書刊行会

『NEJ: A New Approach to Elementary Japanese ―テーマで学ぶ基礎日本語―
　　［vol. 1]』くろしお出版

『Situational Functional Japanese　Vol. 1　Notes』凡人社

「WEB版　エリンが挑戦！　にほんごできます。」国際交流基金 <https://www.
　erin.ne.jp/jp/>（2019年11月11日閲覧）

著者紹介

深澤のぞみ（ふかさわ・のぞみ）

　金沢大学名誉教授。金沢大学大学院社会環境科学研究科博士後期課程修了、博士（学術）取得。外国人留学生に対する日本語教育と、日本語教師養成に携わる。研究分野は、日本語教育学、応用言語学。主著に、『アカデミックプレゼンテーション入門 ―最初の一歩から始める日本語学習者と日本人学生のための―』（共著、ひつじ書房、2006）、『21世紀のカレッジ・ジャパニーズ ―大学生のための日本語で読み解き、伝えるスキル―』（共著、国書刊行会、2018）、『日本語を教えるための教授法入門 第2版』（共著、くろしお出版、2025）などがある。

　執筆箇所：2章、4章、5章、6章、7章

本田弘之（ほんだ・ひろゆき）

　北陸先端科学技術大学院大学名誉教授。早稲田大学大学院日本語教育研究科博士後期課程修了、博士（日本語教育学）取得。早稲田大学卒業後、高校教諭を経て、青年海外協力隊に参加し、日本語教育に携わる。研究分野は、日本語教育学、社会言語学。主著に、『街の公共サインを点検する ―外国人にはどう見えるか―』（共著、大修館書店、2017）、『日本語教育学の歩き方 ―初学者のための研究ガイド―[改訂版]』（共著、大阪大学出版会、2019）、『[改訂版] 日本語教育能力検定試験に合格するための用語集』（共著、アルク、2019）、『日本語を教えるための教授法入門』（共著、くろしお出版、2021）などがある。

　執筆箇所：1章、3章、8章、9章、10章

日本語を教えるための教材研究入門

発　行	2019 年 12 月　9 日　初版第 1 刷発行
	2025 年　4 月 24 日　　第 4 刷発行
著　者	深澤のぞみ・本田弘之
発行人	岡野秀夫
発行所	株式会社くろしお出版
	〒 102-0084　東京都千代田区二番町 4-3
	TEL: 03-6261-2867　FAX: 03-6261-2879
	URL: http://www.9640.jp　e-mail: kurosio@9640.jp
本文デザイン	竹内宏和
装丁デザイン	仲川里美
印刷所	藤原印刷株式会社

©Nozomi FUKASAWA, Hiroyuki, HONDA　2019　Printed in Japan
ISBN 978-4-87424-820-1　C0081
● 乱丁・落丁はおとりかえいたします。本書の無断転載・複製を禁じます。